名师名校名校长

凝聚名师共识
回应名师关怀
打造名师品牌
培育名师群体

指向学科核心素养的

普通高中地理问题式教学设计

王卫兴 / 编著

西安出版社

图书在版编目（CIP）数据

指向学科核心素养的普通高中地理问题式教学设计 /
王卫兴编著. — 西安：西安出版社，2022.12
　　ISBN 978-7-5541-6601-7

　　Ⅰ.①指… Ⅱ.①王… Ⅲ.①中学地理课—教学研究
—高中 Ⅳ.①G633.552

中国版本图书馆CIP数据核字（2022）第246117号

指向学科核心素养的普通高中地理问题式教学设计
ZHIXIANG XUEKE HEXIN SUYANG DE PUTONG GAOZHONG DILI WENTISHI JIAOXUE SHEJI

出版发行：西安出版社
社　　　址：西安市曲江新区雁南五路 1868 号影视演艺大厦 11 层
电　　　话：（029）85264440
邮政编码：710061
印　　　刷：北京政采印刷服务有限公司
开　　　本：787mm×1092mm　1 / 16
印　　　张：15.75
字　　　数：252千字
版　　　次：2022 年 12 月第 1 版
印　　　次：2023 年 4 月第 1 次
书　　　号：ISBN 978-7-5541-6601-7
定　　　价：58.00 元

△本书如有缺页、误装等印刷质量问题，请与当地销售商联系调换。

前　言

　　问题式教学是《普通高中地理课程标准（2017年版2020年修订）》倡导的主要学科教学方式，是地理课堂教学落实核心素养的有效途径。问题式教学以"问题发现"和"问题解决"为要旨，引导学生建立与问题相关的知识结构。"问题发现"注重与实际情境相关联，"问题设计"和呈现利于激发学生学习和探究的兴趣，教师在教学中将基于"问题解决"的教学策略融入高中地理教学过程，激励学生在课堂上进行深度学习，凸显学生的主体地位，优化学生的思维品质，以实现地理核心素养的培育目标。

　　本书是在浙江省临海市回浦中学教师王卫兴主持的浙江省规划课题"高中地理'问题式教学'的课堂实践研究"的成果基础上编写的，主要分两部分进行阐述，第一部分是"认识篇"（即第一章、第二章内容），主要阐述了什么是地理问题式教学，开展地理问题式教学的背景及意义，如何开展问题式教学设计和教学评价，等等；第二部分是"实践篇"（即第三章内容），主要内容为教学案例设计示例，探讨"设疑—解疑—质（释）疑"的地理问题式教学实践，以期为地理教学改革与核心素养研究提供可参考、可批评、可讨论的案例，不断提升学科教学的有效性。

　　参与本书编写的主要人员为台州市和临海市名师工作室领衔人、浙江省特级教师、正高级教师王卫兴，以及两级工作室成员：浙江省台州市第一中学吴静，仙居城峰中学郑宇，仙居中学陈瑶，台州市宁溪中学龚梦婷，回浦中学陈微、王玲、金巧莉、杨明，台州中学金君丽、何媚，温岭中学梁倩倩，三门中学罗杰，黄岩中学阮小敏、王露欧，台州市外国语学校文丹，台州市洪家中学章剑龙，临海市灵江中学胡安一、陈馨妮，临海市杜桥中学李聪、蒋兵剑，临海市大田中学卢晓霞、董魏魏，临海市第六中学马佳妮，温岭市第二中学吴正海，北京师范大学台州附属高级中学陈赛。本书在编写过程中得到了浙江省教育厅教研室郭剑峰先生、台州市教育教学研究院牟哲富先生的尽力指导，在此表示衷心的感谢！

本书存在的不足之处，恳请各位专家学者和广大读者批评指正。

目 录

第一章

地理问题式
教学研究

第一节　问题式教学的研究现状

一、国外"问题式教学"研究进展

　　问题式教学启蒙于古希腊，哲学家苏格拉底提出了助产士法，他认为教师是在精神上给人思想接生的接生婆，指出"通过提问来引导学生学习"，在人与人之间不断提出问题的过程中人们更加坚信自己的认识，自然而然会得到问题答案，这是问题式教学的萌芽。20世纪30年代，杜威在《我们怎样思维·经验与教育》中首次提出了"五步教学法"：创设情境—产生探究问题—自主探究或合作探究—得出结论—当堂训练。这使问题式教学思想更为深入，他还特别提出，教师除了要给学生提前准备探究需要的基础知识，还要提前准备与现实社会密切联系的经验情境。20世纪50年代，美国巴罗斯教授在精神医学教育研究领域创立了以问题为基础的教学法（Problem-Based Learning，PBL），强调以学习者的主动学习经验为中心的课堂教学方式，打破了传统课堂以教师讲授为主的习惯，形成了教师指导的以问题为基础的教学方法。20世纪60年代，布鲁纳在吸取前人经验的基础上升华了问题教学法，提出了"发现教学法"，其步骤是：创设问题情境—提出问题—验证假设—解决问题。此外，世界各国各地区的课程改革政策文件，如国际地理联合会《地理国际教育宪章》、美国《生活化的地理：国家地理课程标准》、日本《高中地理学习指导要领（2009）》等，对"问题式教学"都作出了具体阐明。

二、国内"问题式教学"研究进展

　　虽然我国研究问题式教学思想较早，如孔子的启发式教学是问题式教学早期的雏形，但实际应用问题式教学却较国外起步晚。蔡梓权先生是新时代课程教学问题教学方法的主要创始人，他认为问题教学的核心问题是如何指导学生进行独立自主学习；夏志芳教授在《地理课程与教学论》中提出互动探究式教学模式，倡导教师通过设计一些复杂而有坡度的地理问题启发学生进行合作探究；段玉山教授在《地理新课程教学方法》中详细叙述了问题解决式教学的存在意义、价值、实施过程和教学形式；袁孝亭教授提倡交互式的课堂学习方法，鼓励学生向教师提出质疑，发展和培养学生解决地理问题的思维能力；2016年王晓惠提出问题式教学要注重对学生创造性培养和多样化评价；2017年王赛琳等人提出高中地理教师要为学生创设与现实社会联系密切、易于理解的教学情境，设计和提出的地理问题也要贴近学生的知识水平和现实生活，同时要更好地体现出每个问题之间的密切联系。

国内外学者在问题式教学的内涵界定、课堂实施、教学应用等方面取得了一定成果，这为我们深入开展问题式教学提供了良好的基础。但现有的研究也存在一些不足，如较多地关注问题式教学在具体教学中的应用理论，缺乏相应的实践案例支撑等。因此，须加强问题式教学在高中地理教学中的应用实践研究，通过情境教学、问题教学、地理实践等方式，培养学生基于真实情境，发现和提出地理问题、分析和解决问题的能力，从而落实地理核心素养的培育。

第二节　开展地理问题式教学的背景和意义

　　问题式教学的概念可以界定为："一种以问题为线索，以创设问题情境为开端，围绕问题的解决促进学生核心素养发展的教学模式。"《普通高中地理课程标准（2017年版2020年修订）》（以下简称《课程标准》）提出：问题式教学以"问题发现"和"问题解决"为要旨，在解决问题的教学过程中，教师应引导学生运用地理思维方式，建立与"问题"相关的知识结构，并能够由表及里、层次清晰地分析问题，合理地表达自己的观点。爱因斯坦提出："我们面对的是复杂的世界，每一件事都很复杂的！"因此，我们不能满足于从书本到书本的知识，我们需要用所学知识解决在现实复杂情境中的问题，这也是核心素养提出的原因。教学模式、核心素养和"立德树人"目标三者的关系可以解读为：课堂是课改的主阵地，因此有效的教学模式是实现学科核心素养的关键；地理学科凝练出核心素养模型，成为高中地理课程标准落实立德树人根本任务的具体途径。三者之间的关系如图1-2-1所示。

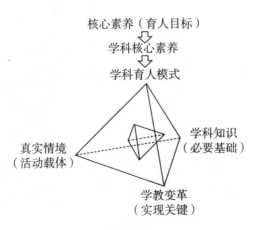

图1-2-1

新一轮基础教育课程改革以新课程标准的实施、新教材的使用为抓手，关注学生问题解决能力、批判性思维及创新能力等的提升，倡导学习方式的变革。因此，正确解读新课程标准，创造性地使用新教材，不断探索落实新修订的普通高中课程方案和课程标准的实践路径，推动课程教学改革，是实现立德树人根本任务的核心与关键。

一、高中地理新课程标准

《课程标准》除了提出要掌握知识和原理外，还强调要获得地理基本技能，发展地理思维能力，初步掌握学习和探究地理问题的基本方法和技术手段，不断突出"人地关系主线与可持续发展观念"，树立科学的人口观、资源观、环境观和可持续发展观，以实现立德树人的根本任务。《课程标准》在教学实施建议中提出要重视"问题式教学"，在教学过程中要以"问题发现"和"问题解决"为要旨开展探究教学，但在基于问题的教学实践中如何有效促进学生的深度学习尚缺少系统的阐述和研究。鉴于此，教学实践中应注重通过基于问题式教学的深度学习过程设计与路径的探究，以期对学生的素养培养目标及深度学习目标的达成能有所助益。

二、高中地理新教材特点

在《课程标准》引领下，地理教材进行了"一标多本"的编写（人教版、湘教版、鲁教版、沪版、中图版）。由于《课程标准》高度概括性的特点，其涵盖的基本知识点存在着很大的不确定性。各版本教材的编者对《课程标准》理解不同，还有编者的知识储备、学术观点以及对中学教学形式的预期都存在着较大的差异，必然会造成各版本教材出现很大的差异，主要体现在具体情境选择、知识详略描述等方面。但各版本教材也有其共性，主要体现在五个方面：第一，从内容选择上看，各版本教材都注意密切联系生活实际与生活经验，反映地理学的前沿发展，注重培养学生解决问题的能力与地理素养，教材内容体现时代性、基础性和开放性的原则。第二，从学习方式上看，各版本教材都倡导探究学习，课文系统精心地编排了具有探究情境、形式多样、不同水平的学习活动，引导学生通过问题探究进行学习。第三，从学习评价方式上看，各版本的作业系统强化了学生素养的全面考查，增加了探究性课外作业，如社会调查、案例探究、实验探究等，注重结果性评价与过程性评价相结合。第四，各版本教材都采用了丰富多彩、类型多样的图像系统，有地图、景观图、示意图和统计图表，进一步提高了教材的表达效果。第五，案例成为各版本教材中课文系统的重要组成部分，便于学生进行分析与探究，开展自主学习与研究。

新版教材的特色主要是"以立德树人为核心，核心素养为主线，应用信息技术，强调地理实践，重视情境学习，体现知识内在逻辑"。新版教材重视复杂、开放性的真实问题情境创设，把具体任务尽可能放在真实、复杂的情境中，落实新课标中的"重视问题解决式教学"的建议，激发学生主动学习，帮助学生学习对终身发展有益的地理知识，从而彰显地理学科核心素养。

三、目前地理课堂教学的现状

课堂作为课程改革的前沿和主阵地，采取有效的教学模式是实现学科核心素养的关键，地理学科凝练出地理学科核心素养模型，成为高中地理课程标准落实立德树人根本任务的具体途径。作为课程的实施者，大部分教师在新教材使用中仍普遍存在以下三种现象：第一，课堂教学过分强调教师的主导作用，重视知识传授，忽视学生主体作用的发挥，欠缺对学生能力的培养，教学方式与使用老教材时无大区别。第二，很难将教材中的情境贯穿教学始终并设计问题，学生不能作为学习的主体参与教学，只能被动地回答，得不到积极的情感体验，意志品质得不到体现。第三，教材中的实践活动基本忽略跳过，课堂成为教师自编、自导、自演的教学剧，很少见到学生主动大胆地对教材或讲课内容提出疑问，学生始终处于被问题牵着走的学习状态。

综上所述，当下重视地理问题式教学的开展具有非常重要的现实意义：第一，教师能够提升自身专业素养并调整与改变教学方式，让新课标新教材在课堂中真正落地，还原学科的本质，扎根生活、回归生活，使地理课堂焕发出生活的魅力。第二，学生从知识本位走向能力本位，乐于思考、探究、反思、动手，在提出问题和解决问题中不断发展地理核心素养。第三，学生在讨论过程中，可以质疑他人的想法，学习如何发问，培养独立思考、与人相处、解决冲突、尊重他人等能力。

第三节 地理问题式教学的研究内容

一、创设基于真实新颖情境的地理问题

针对新教材的重要内容,创设基于真实新颖情境的地理问题(链),以"问题解决"为导向,培育学生地理核心素养。

1. 如何创设情境?

教师在选择情境时要考虑以下几个方面:贴近学生知识水平、生活实际和社会现实,使学生理解情境;蕴含问题,给学生提供探究的空间;体现关联性,让学生在一个贯穿全过程的情境中经历地理思维发展的过程;与课程标准和教材内容相联系,便于学生找到基本依据和资源,学生在情境学习中能够感知——理解——深化。

2. 如何创设有效问题(链)?

教师在问题创设时要考虑以下几个方面:问题创设从原先的"知识和能力目标"改变为"素养目标","问题"的落脚点最终指向人地协调观;设置思维梯度,问题设置要符合学生认知逻辑,以学生认知水平和知识基础为起点进行设计;注重思维深度,让学生习得地理方法,发展地理思维;学生在学习过程中也可根据自身认知冲突提出问题。

在地理教学实践中,教师可基于新课标新教材尝试开展"情境体验——问题主线"的教学案例设计与教学,让地理课堂真正成为学生综合思维和人地协调观培育的主阵地。

二、重构符合教学实际的知识系统

开展单元(主题)式"问题教学",重构符合教学实际的知识系统,培养学生提出、分析和解决问题的能力,让学生经历完整的学习过程,培养其高阶

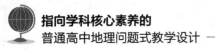

思维能力。

在地理教学实践中，教师可开展"问题驱动——单元（主题）教学"案例设计与教学，以新闻时事、社会热点等真实情境切入，将内在关联的知识和方法甚至教法进行重组、整合和串联，聚焦核心、以点带面、举一反三，关注更本质的问题。学生自主发现并提出地理问题，通过查阅资料、社会调研、项目研究等多种途径寻找问题答案。教师引导学生运用所学知识，总结出解决问题的思路，通过问题把关联的知识进行统整和比较，并进行成果展示和评价（学生自评、生生互评、教师点评），最后习得方法，迁移到新的问题情境中，解决新问题，让学生学会辩证地看待地理事象，进行深度学习。

三、设计实践操作手册，开展实践教学

以"问题解决"为导向，设计实践操作手册，开展实践教学，加深学生对地理知识的理解，在实践中提升其地理学科核心素养。

在地理教学实践中，教师可开展"实践探究——问题解决"教学设计，立足核心素养培养，以"问题解决"为导向设计地理实践活动。选择熟悉的乡土区域或实验主题，聚焦"人地协调"观念设计地理实践方案和探究任务。通过选择合适的野外考察、社会调查和地理实验等方式获取一手资料和信息，让学生在实践应用中感受地理知识的力量，加深对"人地协调"观念的理解，感悟和欣赏自然之美，提高行动意识和行动能力。在教学实践过程中，教师要求学生形成地理考察报告、社会调查报告、地理实验报告，让地理课堂回归生活，促使学生养成用地理视角看问题的习惯，形成科学价值观。

第二章

地理问题式教学的
设计路径

第一节 以情境创设为载体，形成问题解决式课堂教学的操作路径

基于问题式教学的深度学习应践行素养目标导学，以真实情境为载体，以问题解决为中心，以学习评价促进高阶思维的发生与发展，它是学生地理核心素养培养的重要路径。其一般流程如图2-1-1所示。

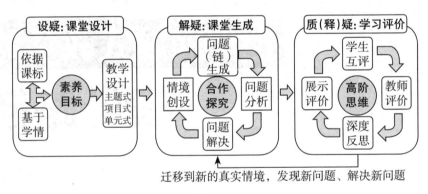

图2-1-1

一、设疑阶段

"情境体验，问题主线"，注重问题情境的真实性、生成性和价值性。

1. 问题设计需要依托情境，如何创设问题情境

教师要进行前端分析，对教学目标、教学内容及学生特征进行分析和评估，在选择情境时应考虑以下几点：第一，贴近学生知识水平、生活实际和社会现实，使学生理解情境。只有将有关情境与学习内容相结合，才能促使有意义学习的发生，所学知识才易于迁移应用于其他情境。第二，蕴含问题，给学

生提供探究的空间。以"情境"吸引学生的注意力，以"问题"激发学生的探究欲望，并激活其原有的知识与经验。第三，体现关联性，让学生在一个贯穿全过程的情境中经历地理思维发展的过程，学生在情境学习中能够"感知—理解—深化"。第四，从深度学习出发，尤其要关注从"情境"中提炼的"问题"能否促成高阶思维的发生，能否实现"问题"解决所要达到的教学目标。

真实情境来源于生产实践和现实生活，教师要善于发现、勤于思考，及时收集整理与学生日常生活联系紧密并具有教学生成价值的地理素材，并将其用于创设具有启发性和引导性的地理情境。

【情境案例】美国西海岸山火持续肆虐！烟雾已抵达欧洲北部。

美国西海岸持续遭到大火的肆虐，北加州山火过火面积超过1900平方千米，此次山火成为加州史上最大山火。2020年8月是加州有记录以来最热的8月，9月初加州多地气温创历史新高。

欧盟气候监测机构宣布：席卷美国西海岸的山火产生的烟雾颗粒已蔓延至欧洲。这意味烟雾颗粒跨越大西洋，向东传播了8000多千米，到达了北欧。据估计，本次美国西部的大火排放了超过3000万吨的二氧化碳，对全球气候产生了不可估量的危害。

【知识载体】自然地理要素的关联性，（区域）自然环境特征及其演变过程对人类活动的影响。

【素养目标】①地理实践力：获取信息和搜集资料进行地理科学探究；②综合思维：地理事项的成因分析及地理现象之间的关系和变化过程；③区域认知、人地协调观：描述和解释特定区域的地理现象，并说明其对人类的影响。

2. 开展问题式教学的关键是问题设计，如何创设有效问题（链）

第一，问题的创设要"忠于课标，基于教材"，以课程标准为导向，以教学目标的落实为原则，从原先的"知识与能力目标"改变为"素养目标"，问题落脚点最终要指向人地协调观。第二，问题的创设要遵循启发式的原则，关注学生的最近发展区，问题设计要利于学生发现未知，教师可根据教学目标设计由浅入深、由表及里、层次鲜明且具有内在关联的问题（链），将教学内容问题化。第三，问题的创设要把握难易适度性的原则，具有一定程度的挑战性，以激发学生探究问题的积极性和学习兴趣，增强学生处理实际地理问题的能力，培养学生的创造性思维。第四，问题的创设要注重发展性和生成性的原则，要体现思维梯度和思维深度，要符合学生认知逻辑，以学生的认知基础为起点。教师可根据学生在学习过程中的认知冲突提出新问题，或者通过一个具有延展性的情境线索，把学生带入一系列的问题中。

【教学设计】天灾还是人祸——美国西海岸山火问题探究。

了解学生对这类地理事物的认知基础，并针对学生可能存在的理解困难做相应的准备。例如，美国西海岸的自然地理环境特征等背景材料，以及当地人们的生产和生活方式，等等。

设计问题链，用地理环境整体性及地理要素关联性的思路引导学生分析"美国西海岸山火频发"的原因。例如，本次山火发生地点和蔓延区域是哪里？山火发生在哪个季节以及持续多长时间？美国西海岸为什么山火频发？"森林之火"会产生哪些不利影响？山火是否会诱发气候（象）灾害？怎样减少山火频发的问题？

探究"美国西海岸山火问题"形成过程及人地关系相互作用的表现，从可持续发展视角认识地理事象的发生与分布规律，引导学生关注分析其他区域相关地理事项的情况，树立科学的灾害观与防灾减灾意识。

【问题设计】地理问题的衍生蕴含着地理原理和规律，如地理位置与分布、地理特征与差异、地理因果关系、地理过程及空间联系、人与环境关系等。基于此，问题链设计的主要思路：何处——它在哪里？何（事）物——它是怎样的？何时——它发生在什么时候？为何——它为什么发生在那里？何用——它产生了什么作用（人地关系将发生怎样变化）？如何——怎样让它有利于人类和自然环境？

二、解疑阶段

"问题驱动，合作探究"，关注学习过程的挑战性、动态性和变化性。

1. 问题分析依赖于"学习支架"，教师如何发挥"引导者""支持者"的作用

第一，问题任务的提出要遵循适度性原则，教师在教学中适时逐一地抛出问题，并引导学生层层递进逐个分析和解决问题，让创设的问题链真正发挥作用。第二，让"学习支架"（资源）（图2-1-2）发挥问题情境的引导作用，并让学习情境保持真实性和复杂性的形态被体验、被展示，确保学习过程的针对性和高效率。第三，教师要对学生的主体活动进行观察，关注学生的应用、分析、评价等高级思维能力的发展，在学生恰需帮助时提供适切的"学习支架"。第四，深度学习的"结构不良问题"以具有一定挑战性的任务为起点，学习过程是动态变化的，充满不确定性和可能性，教师在教学过程中要以变式的形式培养学生的迁移能力。

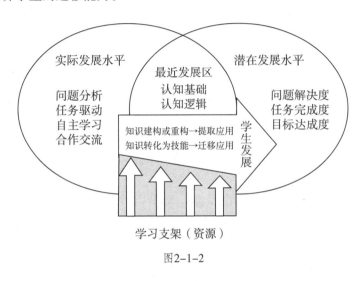

图2-1-2

【学习支架】美国西海岸山火问题探究的学习资源。

阅读材料：

《纽约时报》称，气候急剧变化是美国西海岸山火频发的罪魁祸首，全球气候变暖使得加州在2020年夏天遭受了史无前例的热浪袭击。哥伦比亚大学生物气候学家表示："大火与气候变化息息相关，气候变暖使得枯死的树木越来越多，只要一点火星，就能引发一场大灾难。"

加州干燥少雨的气候，是山火的大温床，而大风则是山火的帮凶。每年"圣安娜风"将干燥的空气从西部大盆地带到了南加州，大风不仅吹干了植被，还让爆发的山火迅速蔓延。

人为因素亦是加州大火的成因。9月的埃尔多拉多大火，源于聚会的庆祝烟火。历年来，输电线断裂引发了许多致命大火。专家指出，越来越多的人迁移到接近森林消防警戒线建房居住，给山火爆发埋下了隐形炸弹。此外，预算缺少也是加州防火工作的一大难题。

图表资料：2009—2018年美国加州地区年平均气温及降水量变化趋势图。

图2-1-3（a）为洛杉矶国际机场，图2-1-3（b）为北好莱坞。

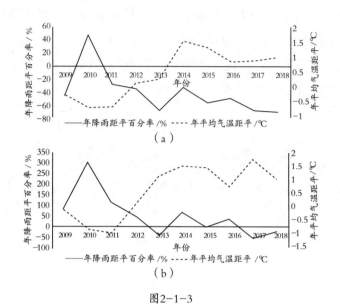

图2-1-3

思维向导：如图2-1-4所示，影响森林火灾的因素及其产生的不利影响。

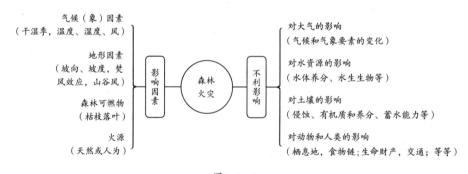

图2-1-4

【支架设计】引导学生关注重要问题，提高学生收集、整理、发现、筛选和组织信息的效率；指导学生转换信息，通过交流和研讨促进知识内化，使所学知识的条理和逻辑更为清晰，易于理解与迁移应用；帮助学生将认知、理解层面的知识输出为应用、分析、评价、创造等学习成果。

2. 合作学习是自主解决问题的关键环节，如何进行有效小组合作探究

小组合作学习是注重课堂生成的教学形态，它突出个性化课堂的建构，强调教学的过程性，以学生主体作用的发挥和有效学习的开展作为教学发展过程，是动态的、开放的、互动的、多元的教学形式。从教师层面上看，首先，教师在课堂上要为学生提供充足的思考及讨论的空间和时间；其次，与传统课堂相比，教师面对的教学任务要烦琐和复杂得多，教师要充分发挥学生自主合作学习时的引导者、帮助者、鼓励者、监督者的作用；最后，最重要的是教师要调整教学策略，充分发挥课堂动态生成的教学资源和教学信息的作用，不断优化教学过程。

从学生的学习任务看，合作学习主要分为独立思考、观点分享、求同倾听、梳理归纳四个环节：第一，学生个体独立思考，厘清问题分析的思路并写出自身的认知冲突，培养自主学习和发现问题的能力。第二，小组合作讨论分享观点，以集合小组的集体智慧，有利于让问题得到更全面和更深层次的分析，在观点分享中初步解决问题。第三，学生学会倾听，对比自己与其他组员解决问题思路的异同，在思维碰撞中自行纠偏，在同化效应中实现自我发展，并尝试进行知识的建构与重构，不断优化问题分析与解决思路。第四，在问题探究分析和小组共同讨论交流的基础上，学生收集汇总和梳理归纳各类信息，试图将习得的陈述性知识转化为程序性知识，形成问题解决方案，即小组合作的学习成果。

三、质（释）疑阶段

"问题解决，思维评价"，突出思维发展反思性、层次性和结构性。

1. 从"解决问题"到"问题解决"，如何以展示评价促进学生思维发展

问题式教学的最终归宿是问题解决，以"学生展示成果—师生评价反馈"凝练课堂合作学习的成效，促进学生思维能力在合作学习的基础上得以进一步发展，持续提升学生的思维品质。在教学实践过程中，应注意以下几个方面。

第一，勇于"质疑"，对学生的学习结果即问题解决方案的有效性进行深度评价和反思。教师要鼓励其他学习小组提出"质疑"，这是基于问题的深度学习的重要环节，是让学生学会发现问题的关键。学生在汇报展示过程中将内隐的知识显性化，通过"质疑"能发现学习过程中存在的问题与不足，并及时进行改正或补救。

第二，精于"释疑"，让学生在经历问题系统分析的过程中实现高阶思维能力发展。"释疑"是教师在对课堂教学进行预设和动态生成的教学资源进行提炼重组的基础上，对学生分析与解决问题的学习过程进行综合评价与总结反馈。学生在教师的"精确"指导下，进一步发展"应用、分析、评价、创造"的思维能力，实现知识的建构和认知体系的重组。

第三，善于"迁疑"，让学生在类比迁移应用过程中强化解决复杂问题的能力。"迁疑"是指在新的真实情境中，教师指导学生将新问题与先前解决的相似问题进行类比，寻找新问题的解决方法，以深化学生对相关问题的认知及培养学生的迁移应用能力。例如，在"美国西海岸山火"的探究基础上，对"澳大利亚山火"及"我国西南地区森林火灾"进行类比分析。

第四，重于"结疑"，让学生在整理归纳的学习过程中达成知识体系化和思维结构化的教学目标。"结疑"是对问题式教学课堂的总体回顾，是紧扣课堂教学目标的梳理和总结，助力学生构建清晰完整的知识框架，优化逻辑思维结构，使问题式教学"形散神不散"，避免教学中常见的"虎头蛇尾"，以实现课堂教学"画龙点睛"的升华。

2. 思维发展是学生素养提升的落脚点，如何开展学生的思维结构评价

学生的思维表现可以从思维结构即"可观察的学习成果结构"进行评价。教师在思维结构评价实践操作过程中应注意：第一，让学生思维过程可见，以便进行结构化评价。教师要求学生在分析问题、解决问题的过程中形成学习成果，注重评价学生在"解疑"过程中"知道什么、能做什么"。第二，动态把握学生思维结构的变化。教师关注学生在学习过程中经历了思维训练后，呈现出的个体间思维结构水平的差异和个体内思维结构水平的动态变化，注重评价学生在"质疑"过程中是"怎么想的、怎么做的"。第三，注重课堂后续教学中的有针对性、个性化的指导。教师要根据动态变化的课堂所发现的学生思维存在的问题，在"释疑"过程中指导学生"应该怎么想、应该怎么做"，帮助学生不断完善思维结构。

【评价实例】 在"美国西海岸山火问题探究"教学中评价学生的思维结构。

1. 设计需要学生回答的问题

例如，关于"圣安娜风"的问题设计。

图文材料："圣安娜风"——南加州"焚风"的通称，是指秋冬季节来自美国内陆高原（内华达山脉与落基山脉之间）大盆地的荒漠地带，并出现在加州南部山谷中的季风，具有风速强劲、干燥、炎热的特征，如图2-1-5所示。

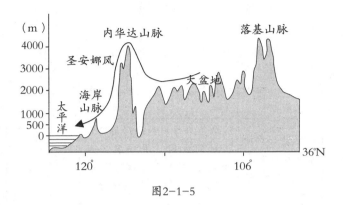

图2-1-5

回答问题：分析加州南部"圣安娜风"的形成原因。

参考答案：从热力作用、地形等角度分析风的成因，并体现与"圣安娜风"的"强、干、热"特征的因果关联：①受海陆热力性质差异的影响，秋冬季内陆高原大盆地较沿海地区气温下降快，形成高气压区，干燥的大陆气团吹向沿海地区。②受内华达山脉的影响，气流翻越山脉后在背风坡下沉而变得干热；③受谷地地形（狭管效应）的影响，风力增强。本题设问指向"风的成因"和"'强'的原因"，即回答上述的①③点即可。

2. 制定评价标准

参照"SOLO分类理论"的5种思维结构水平等，制定评价标准，见表2-1-1。

表2-1-1

水平分类		思维结构特征	思维结构评价	内容评价	评价（自评、互评、师评）
定量阶段	前（无）结构	思维混乱	基本上无法回答问题	能否从材料中准确获取有效信息；思路是否清晰，论证是否充分，表达是否到位；	
	单点结构	涉及单一要点或要素	能从热力作用或地形角度分析风的成因		
	多点结构	涉及多个要点或要素，但无法建立合理的联系	能从热力作用和地形角度分析风的成因，但无体现地形与"强"风之间的因果关联		

（续表）

水平分类		思维结构特征	思维结构评价	内容评价	评价（自评、互评、师评）
定性阶段	关联结构	能涉及多个要点或要素，而且能建立合理的联系	能从热力作用和地形角度分析风的成因，并回答了谷地地形与"强"风之间的因果关联	内容结构是否良好，阐述是否完整	
	拓展抽象结构	能够进一步抽象认识或给出预设之外的答案	能从热力作用和地形角度分析风的成因，并回答了风的成因与"圣安娜风"的"强、干、热"特征的因果关联		

第二节　开展单元（主题）式问题教学，提升学生"问题解决"意识和能力

开展核心素养导向下的"大单元教学"设计，依据课程标准和教材，选择有利于培养学科核心素养的教学内容和情境素材，以大主题或大任务为中心，对学习内容进行分析、整合、重组和开发，形成具有明确的主题（专题、话题、问题）、目标、任务、情境、活动、评价等要素的结构化的教学规划和设计，选择学科内容、制定学习目标、设计学习活动、开展课堂教学、进行学习评价。

一、单元（主题）式教学内容与学习目标的确定

根据与地理知识相联系的现实背景，从学生感兴趣、较熟悉和较关注的热点问题等角度出发来选定学习内容，充分激发学生积极参与的态度，培养学生关注现实中地理问题的能力和社会责任感，并且确保该问题研究时资料搜集的渠道较为完备，使学生有能力完成该项目，并能以作品形式进行展示，这有利于学生自主探究能力、合作交流能力的提高。以下是基于课程标准并经师生经过多次交流互动后确定的主题，见表2-2-1。

表2-2-1

我的城市——临海城市规划与产业发展的研究	
学习目标	1.运用实例分析城市的空间结构及形成原因，运用有关资料分析城市化对地理环境的影响。
	2.结合实例，掌握城市、农业、工业、旅游业等发展的区位因素分析的方法。
	3.理解人类活动与自然地理环境之间的相互关系。

19

（续表）

	我的城市——临海城市规划与产业发展的研究
学习目标	4.学会通过多种途径、运用多种手段收集地理信息，尝试运用所学的地理知识和技能对地理信息进行整理、分析，并把地理信息运用于地理学习过程。 5.尝试从学习和生活中发现地理问题，提出探究方案，与他人合作，开展调查研究并作出评价，提出解决问题的对策。 6.运用适当的方法和手段，表达、交流、反思自己地理学习和探究的体会、见解和成果。 7.通过对城市和产业发展的深入学习，加深对城市文化的理解，加深对家乡的感情
学习内容	1.城市化及其对地理环境的影响——临海近三十年的城市发展调查。 2.城市暴雨内涝的水循环变化探索——临海城市排水规划管理的思考。 3.城市功能分区及其规划——临海城市规划调查。 3.影响农业区位的因素——以临海三大农产品基地分析为例。 4.影响工业区位的因素——灵江下游造船业兴衰的调查研究。 5.工业布局与工业区位——临海市国家级医药化工基地规划。 6.工业区位和工业地域联系——以吉利汽车产业发展为例。 ……

二、单元（主题）式问题教学的活动设计

教师从拟定自己的教学计划到学生自主拟定学习计划，需要指导学生形成合作小组，建立合作规则，选定研究主题；并根据学生不同的兴趣特长，指导拟定各小组个性化学习计划，包括问题研究需要采取的形式如体验、观测、实验、野外考察等，以及时间安排和活动具体计划和方案；小组成员通过集体交流进行任务分配，明确资料收集、整理、分析、汇总及作品制作与交流等分工。现以《如何规划城市？——临海城市功能分区及其规划》为例，在研究中，教师组织学生前往临海市规划展览馆，了解城市布局和规划方式，进一步学习城市形态、功能分区、空间结构、区位分析、城市等级、城市化等方面的知识，并设计了城市土地利用情况调查的任务计划。

户外考察：城市功能分区和土地利用情况考察。

地点和线路：临海市靖江商务区——靖江路和崇和路。

考察目的：①选择可以体现商务区的城市景观；②记录考察线路上这些景观的特征和分布特点；③根据记录资料描述此段线路的土地利用特点。

任务指导：①选择可以体现商务区功能特点的景观；②设计记录表，并记

录各种景观的分布；③绘制景观剖线分布示意图；④从考察资料说明此段线路的土地利用功能特点和土地利用集约程度。

实察报告：①绘制考察线路中所观察景观的分布图（利用必要的地图要素）；②从景观及景观分布特点说明此段线路的土地利用功能特点和土地利用集约程度。

在实地考察过程中，相关学生在完成任务的同时，还进一步提出了需探究的地理问题，如：分析临海银泰城的消费人群、交通区位，评价银泰商业区与崇和门商业区的优势和劣势；观察银泰城周边自然和人文环境，分析其布局的不合理性；等等。此外，研究小组还将探究视角拓展延伸到城市的其他区域和微观层面，如：灵湖体育馆周边有哪些培训中心？记录它们的名称以及类型，实地考察其存在的合理性及区位因素；分析灵湖的自助车产业（从游客、景区、商家三个方面勘察）；等等，不断调整和完善问题研究的计划与内涵。

三、单元（主题）式教学课堂展示交流

教师提前对学生研究形成的作品进行精心指导和备课，让项目作品展示的各环节符合学生的认知规律，然后由负责项目探究的小组在课堂上展示作品，并与其他学生交流研究成果与心得体会，教师在交流过程中进行适度引导和点拨，引发学生共同思考、评价及反思。现以《工业布局与工业区位——临海市国家级医药化工基地规划》课堂交流为例，学生通过对素材（地图等）的使用和各种规划方案的论证，更深刻地理解工业区位选择，提高解决实际问题和地理实践能力，真正实现知识的内化。

1. 展示材料，诱发思考

生1（指该项目研究小组的学生，下同）展示新闻材料——国家计委、经贸委决定在台州临海市建立国家级化学原料药生产基地，规划面积3万多亩。按规划，基地10年内将达到500亿元的销售规模，将占世界化学原料药和医药中间体市场份额的25％～30％的国际生产出口基地。该基地建成后，将会吸引更多的化学原料药生产企业到临海安家落户。

生1提出问题：为什么建在临海？应建在临海何地，理由是什么？该地建大型的工业基地有何优势？（让学生掌握"问"的方法和技巧——敢问、善问、会问）。

生2（指其他未参与研究的学生，下同）阅读相关材料，尝试回答问题。

2. 教师引导，铺垫知识

师：在考虑工业布局时，我们应该从哪些方面考虑？

生：总结影响工业布局的主要因素有运输（现状、成本）、土地（面积大小、地价高低、发展空间）、集聚（较低运费和能耗、集中处理废弃物、加强技术协作和技术创新）等。（通过材料阅读来提升学生获取、解读地理信息的能力，同时通过知识铺垫为下一步的探究和讨论做好准备）

3. 合作探究，讨论方案

生1：分别从土地、运输和环境等角度来论证医药化工基地的三种规划方案的优劣，见表2-2-2。

表2-2-2

比较项目	东塍规划方案	沿江规划方案	杜桥规划方案
土地			
运输			
环境			
其他			

生2：在项目研究小组论证的基础上展开讨论，阐述意见和想法，同时拓展延伸到地形、气候（风向）、水源、市场、劳动力等多种因素。（教师适时对学生的发言进行简洁评析并及时纠正知识性和常识性错误）

4. 明确方案，巩固提升

生1：（在全体同学参与讨论的基础上进一步总结，提升对影响工业的区位因素的认识）该项目的实际选址最后落户在杜桥镇，该工业区块交通便利，75省道、83省道和规划建设中的甬台温高速复线、台金高速东延线在镇区交汇；地势平坦开阔，位于河流下游，水源充足……今后要逐步完善和加强基础设施与污水处理工程等建设；要充分发挥产业集聚的规模效益，推进产业升级，进一步扩大国内和国际的市场份额……

四、单元（主题）式学习活动的评价

对整个学习过程进行总结评价，促进学生对学习过程进行反思，让学生更好地掌握知识和技能。基于问题研究的单元（主题）式学习是由一系列相关任务构成的，而且研究过程会持续一段时间，它强调学生在学习和研究过程中的发展与进步，彰显了学习过程的重要性，要求教师对学生进行过程性评价与反馈。教师可以从信息素养、合作能力、问题及其解决能力、创新能力等几个方面进行评价，核心活动的评价是对学生在活动过程中思维技能的运用、小组合作、成果汇报表现及个体对研究活动的贡献度等几方面进行评价，让学生了解自己的优势和不足，见表2-2-3。

表2-2-3

评价指标		评价等级			评价主体		
		☆	☆☆	☆☆☆	自我评价	组员评价	教师评价
素养评价	信息素养	能通过上网、查阅书籍，获取自己想要的资料并处理简单信息	能通过上网、查阅书籍等方式搜集相关资料，获取和处理比较复杂的信息	能熟练运用上网、查阅书籍等方式选取资料，获取和处理比较复杂的信息，辅助完成作品	☆☆☆	☆☆☆	☆☆☆
	沟通协调能力	愿意主动与他人沟通，并能配合团队成员工作	能有效地与他人沟通信息，且积极与团队成员合作	积极与他人分享自己的成果，且不断吸取其他成员的优点	☆☆☆	☆☆☆	☆☆☆
	解决问题能力	能发现一些问题，并尝试进行解决	能发现一些问题，并能及时解决	能发现关键问题，并能找到合理解决的办法	☆☆☆	☆☆☆	☆☆☆
	创新能力	在活动中尊重集体的看法并提出自己的意见	在活动中能提出一定的创造性想法	在活动中能提出有价值的创造性想法，并在作品中展现	☆☆☆	☆☆☆	☆☆☆
作品评价		项目主题明确，内容较丰富，但作品的形式较平淡，能简要进行地理问题的评析	项目主题新颖，视角独特，能多角度、多维度地系统分析、研究和评价地理问题	项目主题研究价值高，内容结构完整丰富，能将地理知识和技能用于评析和解决地理问题，并能提出具有现实意义的指导意见	☆☆☆	☆☆☆	☆☆☆

第三节　开展以"问题解决"为导向的实践教学，提升学生地理实践力素养

以"问题解决"为导向的实践教学强调应用性学习，其主要特征体现在三个方面：一是尊重个性，以需求为驱动；二是关注实际生活，在应用中培养学生的地理实践力等核心素养；三是指向学生的自主学习。以"问题解决"为导向的实践教学是有指导、可控制及有教学目标指向的教学方式，具有明确的教育性，与自然状态下的"做中学"有着本质差别。它需要转变教师教学方式、学生学习方式、学习成果呈现方式、学习评价方式，促进学与用、知与行的一体化。

一、通过实验探究，让学生思维活起来——以"自然环境的整体性"教学环节设计为例

以实验探究促进教师智慧与学生创造力的有效结合，改变教与学的形式，让学生独立地发现问题、形成假设、收集数据、作出结论，进而形成有教师教学个性又能促进学生个性发展的地理课堂，提升学生的地理实践力。本节教学内容可设计以"地形坡度、降水强度和植被等环境要素对土壤侵蚀的影响"为探究主题的地理实验。

【主要实验设备和材料】

木支架（宽30 cm，长70 cm），塑料水瓶（1.5 L），碎石、粗砂和细砂混合物（5 kg），广口玻璃杯（2 L）。

【实验流程】

实验一：观察在不同坡度和降水强度下的土壤侵蚀状况。

实验步骤：①调整木支架，将坡度设为15°，在斜面上均匀铺上1kg左右的碎石、粗砂和细砂混合物；②将塑料水瓶注满水，倒过来后在瓶底用针戳约25个孔，以水流模拟降水；③在斜面下端放置广口玻璃杯，记录沉淀物的厚度，观察沉淀物的颗粒大小；④调整木支架，将坡度设为30°，按之前步骤再操作一次，并观察记录；⑤按之前步骤，用力挤压塑料水瓶，使水流增大，并观察记录。

实验二：观察在不同植被覆盖下土壤的侵蚀状况。

实验步骤：①将坡度设为30°，斜面铺盖较光滑的地毯（模拟草地），按之前实验步骤，仔细观察并记录实验结果；②将坡度设为30°，斜面铺盖长纤维的地毯（模拟林地），按之前实验步骤，仔细观察并记录实验结果。

【讨论问题】

（1）在降水强度和坡度相同的情况下，裸地、草地与林地相比较，土壤侵蚀程度有何差异？沉淀物有何特点？斜坡水流量有何变化？请分析原因。

（2）土壤侵蚀与地形、气候、植被、河流等要素之间存在怎样的联系？这种联系说明自然环境具有什么特点？

在地理教学中实施实验体验式学习，需要教师根据学科的特点，对实验探究主题做出精心的选择，一是实验内容应具备实验特质，彰显实验的应有价值，目的是引导学生深刻思考，不能为了实验而实验；二是实验要以自然科学为主要研究对象，以自然规律和法则作为判断依据，并尽量选择贴近学生生活的实际内容，鼓励学生探究身边的自然地理事象；三是实验内容应有利于教学重难点的突破，并注重课堂的动态生成，提升学生运用地理原理和规律解决地理问题的能力。

二、联系生活中的地理知识，让学生想起来——以"农业区位因素"的探究教学为例

随着社会的发展，人类的生产活动和物质生活、文化生活的各个方面，与地理环境的关系日益密切，人们的衣、食、住、行都与地理知识有着密切的联系。联系生活实际开展地理教学，既有利于加深学生对地理知识的理解，又能促使学生把地理知识应用于生活实际。

【案例主题】

农业区位因素的探究。

【探究重点】

探究农业区位因素及农业地域类型的生产条件等内容，了解影响农业生产的自然条件、技术经济因素和社会经济因素及分析方法。

【教学目标】

1. 学会通过搜集资料、调查等方式获取地理信息，具备活动策划、实施等行动能力。

2. 学会发现问题、分析问题，了解农业区位因素的分析思路，形成从区域视角认识地理事物和现象的意识。

3. 知道如何设计问题的解决方案，并将研究结果撰写成研究报告，形成从综合的视角认识地理事物和现象的意识，辩证地理解人类活动与地理环境的关系。

4. 在学习中培养协作交流的能力、合作意识和创新精神。

【设备与条件】

多媒体教学设备、数字展示台、学习任务清单、调查报告表。

【探究活动设计】

1. 创设情境，提出问题

师：巍巍巾子山，滔滔灵江水。作为一个土生土长的临海人，你了解你的家乡吗？你知道临海有哪三大声名远扬的农产品生产基地吗？你能否分析一下影响这些农产品生产的区位因素？展示"临海邵家渡——草莓种出大产业""临海涌泉——蜜橘的名果之路""临海——大石葡萄从'无人问津'变成'金字招牌'"三则新闻报道（以下收录其中一则）。

涌泉蜜橘的名果之路：临海一奇，吃橘带皮，说的就是涌泉蜜橘。目前，涌泉镇柑橘种植面积近4万亩，年总产量6.1万吨，销售额3亿多元，农民仅此一项年人均收入7300多元。涌泉镇有35家柑橘专业合作社，拥有省著名商标2个、省知名品牌2个、台州市著名商标4个。

在涌泉，只要是适宜柑橘生长的地方都被种上了柑橘。数据表明，涌泉镇33个村，村村都种有橘树，从品种上看，其中90%是"早熟宫川"，该品种具有无核、皮薄、肉脆、糖度高、化渣性好的特点。

涌泉柑橘种植历史悠久，20世纪30年代和40年代就引进了无核蜜橘苗种植。20世纪80年代中后期，当地政府提出了"柑橘产业化"的概念，采取加强政府补贴、研究种植技术、创办专业合作社、举办柑橘节、借助媒体推介等措施，使涌泉蜜橘实现了数量、质量、名气的大飞跃。

在涌泉的采访让记者记忆很深，你在橘园碰到一个很普通的老农，没准他就是一个世界级的柑橘种植技术专家。镇里组织柑橘专业合作社负责人赴日韩考察取经，并邀请专家来传授柑橘种植先进技术。现代化钢结构大棚、滴灌技术、地膜覆盖、测土配方施肥等先进的种植技术让橘农们从中受益，每亩年收入可达8万元。浙江忘不了柑橘专业合作社是涌泉镇的龙头品牌，它联结起了132户社员，8100亩柑橘基地，以统一标准管理，统一品牌销售，去年合作社实现总产值5658万元。

2. 启发思考，明确问题

启发学生思考影响农业生产的区位因素可能有哪些，学生在教师指导下明确探究的问题和方向，在此基础上开展多种形式的实践探究活动。探究任务清单如下：

（1）邵家渡草莓种植基地：当地草莓的收获季节是什么时候？草莓生长的气候条件是什么？当地草莓种植为何要利用大棚？当地种植草莓的有利自然条件是什么？当地莓农发家致富的秘诀是什么？他们如何开发草莓的附加值？如何实现草莓的专业化生产？草莓种植作为城郊型农业，有哪些有利的社会经济条件促进其发展？

（2）涌泉柑橘种植基地：涌泉蜜橘的收获季节是什么时候？影响涌泉蜜橘生长的主要自然条件是什么？涌泉种植"早熟宫川"蜜橘的有利自然条件有哪些？促使涌泉的柑橘产业迅速发展的原因是什么？

（3）大石葡萄种植基地：大石葡萄的收获季节是什么时候？影响大石葡萄生长的主要自然条件是什么？成立葡萄专业合作社的有利之处是什么？影响大石葡萄产业发展的社会经济条件有哪些？

学习任务：请结合以上问题指向，综合分析影响临海三大农产品基地的自然条件、技术经济因素和社会经济因素并形成调研报告，分别制作介绍各农产品基地的微视频并配解说，时间不超过5分钟。

3. 任务驱动，合作探究

（1）将学生分成3个大组，每个大组探究一种农产品。大组内又细分为若千个小组，每小组人数为5~6名。

（2）每小组分发任务清单。组内成员通过实地考察、询问家长、网上查询等方式完成任务。

（3）每小组分发调查报告表，见表2-3-1。组内成员结合任务清单里的问题，通过搜集资料、分析、讨论、合作交流，共同撰写该调查报告，完成任务。

表2-3-1

活动时间		活动地点	
调查小组成员及分工	要求：记录成员分工及每人参与情况与完成情况		
调查方法与内容	要求： 1.根据内容需要，可采取问卷调查、资料调查、访谈调查、实地考察等方法； 2.记录要文字简洁、清楚，要有定量或定性的记载，要有充分的记录依据，以便于判断分析； 3.搜集和获取的相关资料须注明来源及出处，现场访谈和实地考察可采取文字、图片、音视频记录等多种记录形式； 4.做好各类资料内容的分类整理和存档，作为调查报告的附件材料		
调研报告	要求： 1.根据调查任务和目的，对收集的各方面的材料作出综合分析，提出研究的观点和论据，并得出相关结论； 2.调查报告内容一般应包括标题、导语、概况介绍、资料统计、理性分析、总结或结论、对策、建议及所附材料等		

4. 汇报交流，归纳总结

各小组派组长或组员展示研究报告、PPT、微视频等学习成果，分别归纳提炼出影响三大农产品基地的自然条件、技术经济因素和社会经济因素等农业区位条件，充分展示地理思维能力、语言表达能力、文字组织能力、动手实践能力等。若汇报过程中有不够完善之处，小组成员可及时补充和完善。教师要对各小组研究形成的成果进行精心指导，让作品展示的各环节符合学生的认知规律。

5. 思维建模，评析提高

教师要求全体学生尝试画出影响农业发展的区位因素的思维导图，通过交流和探讨厘清影响农业发展的各区位要素及相互关联性。教师在交流过程中进行适度引导和点拨，引发学生共同思考、评价及反思。最后，教师要对各探究小组的研究成果进行总体评析，以此来实现学生对农业区位因素的思维建模。

该主题探究活动赋予学生"调查者"的实践角色，有利于充分发挥学生学习的积极性和主动性，激发学生的探究热情；问题的设计将本课的主要知识点有机结合和贯穿在一起，将自然条件、技术经济因素和社会经济因素等对农业发展的影响等知识点融于真实情境的问题解决过程中，让学生在地理实践中感受到"生活无处不地理"的道理，有利于学生在解决真实地理问题的过程中习得知识和提升解决问题的能力。

三、户外自主探究，让学生动起来："学校附近斗堂山的地理野外考察"

在进行野外考察前，笔者根据事先实地勘察的情况，与学生一起制订出详细的考察方案，内容包括资料收集、考察的地点与时间、考察内容和注意事项等；利用电子地图制作考察路线图，使学生掌握利用网络、拍照、扫描等方式获取、收集和制作地图的方法。

【预设目标】

1. 通过野外观察，了解本地地质构造、探究岩石的风化作用、观察土壤的剖面结构、探究地形地势对土壤的影响、观察低山丘陵的形态特征、认识人类活动对自然地理环境的影响等。

2. 了解野外考察的一般方法和步骤。

3. 用相机拍摄一组能够反映考察主题的照片，做好考察过程的原始记录。

4. 运用考察素材撰写考察报告或制作专题小报。

【考察过程与成果】

在出发前，教师需再次向学生明确考察任务，强调安全事项，提醒组员分工合作，做好观察、拍照、记录等活动。

考察点1：观察岩层的形态，判断野外地质构造。

考察点2：了解红壤的结构及其特性，分析地形地势对土壤形成的影响。

考察点3：观察岩石的风化作用和侵蚀作用等，使用罗盘测量地层走向、倾向、倾角等。

野外考察是地理科学探究最常见和最具特色的探究方法。要充分发挥野外

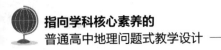

考察的价值和功能，必须倡导一种基于探究的野外考察学习活动。基于探究的
野外考察学习活动与传统的野外考察学习的最大差异是：学生带着问题进行观
察、记录、分析、推理、制图、交流、反思等，并最终解决问题。

　　基于"问题解决式"的实践教学具有生动性、直观性、实践性、参与性
等特征，学生需要通过设计方案、收集资料、动手操作、科学探究、制作地图
等多种途径参与学习，并且在很大程度上要通过自主分析来探究问题和解决问
题。"问题解决式"地理教学也对教师教学组织能力和综合素养提出了更高的
挑战，要求教师在教学实践过程中，根据教学目标和素养目标，进一步丰富地
理课程资源的建设，设计"问题解决式"教学探究课、研学旅行课、野外调查
实践课等，不断提升和发展学生的地理核心素养。

第三章

高中地理问题式

教学设计案例

案例一　生活中的大气奥秘

——大气受热过程模拟实验探究

浙江省台州市第一中学　吴静

【课标溯源】

（必修1）运用示意图等，说明大气受热过程原理，并解释相关现象。

【教学内容】

1. 探究太阳辐射、地面辐射和大气辐射之间相互转换的过程，了解大气的热源以及大气受热过程。

2. 描述温室效应产生的原因，并运用其解释全球气候变化的原因。

【学习目标】

1. 能够与他人合作进行地理实践，设计模拟大气受热过程的实验，记录分析实验数据，得出实验结论，并进行简单的解释；尝试将实验结果合理运用到生产生活中。

2. 在实验过程中，通过对实验的观察、质疑、分析、总结等思维过程，调动相关地理知识。从整体的角度，动态、系统地分析大气受热过程，形成综合思维。

3. 根据所学知识和原理，了解温室效应对人类生产活动的积极意义，关注全球变暖问题，增强环保意识，树立人地协调观。

【教学重点】

让学生利用身边的材料（塑料瓶、纸箱、温度计等）设计实验，通过实验探究大气的受热过程。

【教学难点】

通过示意图归纳实验结论，用示意图表示大气受热过程。

【教学设计流程】

明确实验任务，设计实验方案；记录实验过程，探究实验现象；分析实验过程，汇报实验结果；整理实验结论，得出实验原理。

【实验器材】

若干温度计、若干塑料瓶、钻孔橡皮塞、黑色塑料袋、纸箱。

其中塑料瓶分以下几种类型：①1号塑料瓶：空瓶；放置地点：阳光下；目的：测气温。②2号塑料瓶：空瓶；放置地点：树荫下；目的：测气温。③3号塑料瓶：内放沙土；放置地点：阳光下；目的：测土温。④4号塑料瓶：内放沙土；放置地点：树荫下；目的：测土温。⑤5号塑料瓶：内放沙土；放置地点：阳光下；目的：测气温。⑥6号塑料瓶：内放草地；放置地点：阳光下；目的：测气温。⑦7号塑料瓶：内放沙土；放置地点：树荫下，低温纸箱内；目的：测气温。⑧8号塑料瓶：内放沙土，不密封；放置地点：树荫下，低温纸箱内；目的：测气温。

【教学任务】

表3-1-1

任务	实验环节	设计意图	素养水平要求
任务1：大地增温的能量主要来源	通过观察阳光下的3号瓶（内放沙土）和树荫下的4号瓶（内放沙土），记录实验数据并进行探究	本节内容比较抽象，分析大气受热过程的各个环节对学生的综合思维能力要求较高。通过让学生自己设计实验方案，选取研学任务，培养学生独立思考能力及团队协作能力	综合思维水平2 地理实践力水平2
任务2：对流层大气主要的直接热源	通过观察阳光下1号瓶（空瓶）和树荫下2号瓶（空瓶），记录瓶内气温的变化差异，探究大气增温与太阳辐射的关系。通过阳光下的1号瓶（空瓶）模拟无下垫面（无地面辐射），阳光下的5号瓶（内放沙土）、阳光下的6号瓶（内	本实验在具体真实的生活情境中，将大气受热过程较抽象地理科学知识转换为形象具体的实验现象。学生通过自身的动手实践，从记录的实验数据中逐步推演背后的原理。在实验过程中培养学生的团队协作能力，动手实践能力，综合思维能力，从"做"中真正	综合思维水平3 地理实践力水平3

（续表）

任务	实验环节	设计意图	素养水平要求
任务2：对流层大气主要的直接热源	放草地）模拟在不同下垫面（有地面辐射），有太阳辐射下的大气受热状况。记录实验数据，探究对流层大气主要的直接热源	落实地理实践力的培养	
任务3：无太阳光时，对流层大气的温度会如何变化	通过观察树荫下低温纸箱内7号瓶（内放沙土）和树荫下低温纸箱内不密封的8号瓶（内放沙土），设置低温条件，记录和对比实验数据，探究模拟大气的保温作用	通过让学生领取任务，大胆猜想，设计实验方案和动手探索，帮助学生在具体的实验情境下，更深刻地理解大气的受热过程	综合思维水平3 地理实践力水平3
任务4：画出大气受热过程示意图	通过各小组实验结果汇报，层层深入剖析原因，逐步推演出"太阳暖大地""大地暖大气""大气还大地"这三个过程原理机制。绘制示意图	提高学生的地理图文转化能力，帮助学生更好地学习和掌握地理原理，提高学生的地理综合素养	综合思维水平4
任务5：描述温室效应产生原因，并运用其解释全球气候变化的原因	引导学生总结研学过程，学会研学方法，用地理学的眼光观察生活中的世界，解决现实中的地理问题	用实验原理来解释生活中的地理现象，从而真正地学习对生活有用的地理，进一步激发学生学习地理的积极性	综合思维水平3 地理实践力水平4

【教学活动示例及说明】

任务1： 大地增温的能量主要来自哪里？

如图3-1-1所示，通过观察阳光下的3号瓶（内放沙土）和树荫下的4号瓶（内放沙土）的实验，用沙土模拟地面，通过有无太阳辐射（阳光）对比，说明有太阳辐射（阳光）下增温快，无太阳辐射（阳光）的树荫下增温慢，通过对比说明大地热源主要来自太阳辐射，即太阳暖大地。

阳光下　　树荫下

3号塑料瓶　4号塑料瓶
（有沙土）　（有沙土）
测土温　　测土温

图3-1-1

任务2：对流层大气主要的直接热源是什么？

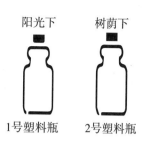

阳光下　　树荫下

1号塑料瓶　2号塑料瓶

图3-1-2

如图3-1-2所示，通过观察阳光下1号瓶（空瓶）和树荫下2号瓶（空瓶）的实验，发现在有无太阳辐射（阳光）的条件下，瓶内气温变化幅度不大，说明大气增温主要的直接热源不是太阳辐射。这为对流层大气的直接热源的探究做了铺垫。

如图3-1-3所示，通过阳光下的1号塑料瓶（空瓶）模拟无下垫面（无地面辐射），有太阳辐射下的大气受热状况。通过阳光下的5号瓶（内放沙土）、阳光下的6号瓶（内放草地）模拟在不同下垫面（有地面辐射），有太阳辐射下的大气受热状况。说明对流层大气主要的直接热源来自地面以及不同的下垫面，增温幅度是不一样的。

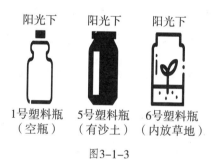

阳光下　　阳光下　　阳光下

1号塑料瓶　5号塑料瓶　6号塑料瓶
（空瓶）　　（有沙土）　（内放草地）

图3-1-3

任务3：当没有太阳光时，对流层大气的温度会怎么变化？

树荫下低　树荫下低温纸
温纸箱内　箱内（不密封）

7号塑料瓶　8号塑料瓶
（有沙土）　（有沙土）

图3-1-4

如图3-1-4所示，通过观察树荫下低温纸箱内7号瓶（内放沙土）和树荫下低温纸箱内不密封的8号瓶（内放沙土），设置低温条件，对比密封塑料瓶和开放塑料瓶气温变化，7号瓶内气温降速慢，8号瓶内气温降速快，7号瓶模拟大气的保温作用，从而使气温下降的速度比较慢。

任务4：画出大气受热过程示意图。

通过各小组实验结果的汇报，层层深入剖析原因，逐步推演出"太阳暖大地""大地暖大气""大气还大地"这三个过程原理机制。绘制示意图，如图

3-1-5所示。

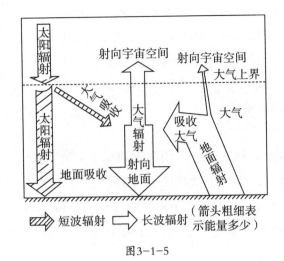

图3-1-5

任务5：描述温室效应产生的原因，并运用其解释全球气候变化的原因。

材料1：1860—2002年全球平均气温距平变化，如图3-1-6所示。

1860—2002年全球平均气温距平变化

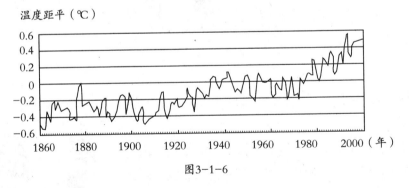

图3-1-6

材料2：图瓦卢是位于南太平洋的珊瑚岛国，陆地面积仅26平方千米。侵袭岛上最大的浪高是3.2米，而图瓦卢海拔最高的地点只有4.5米。持续上升的气温和海平面威胁着图瓦卢，对图瓦卢国土面积和土地质量产量了影响。图瓦卢经济作物主要为甘蔗、椰子、香蕉等，近年来气象灾害多发，加大了经济作物的储存和销售压力。渔业是图瓦卢的支柱产业，但极端天气导致渔业大量减产。

活动：①请描述全球近现代气温变化的特点并分析原因。②全球气候变暖对全球地理环境和社会经济会产生哪些影响？

【评价设计】

1. 水平标准（表3-1-2）

表3-1-2

评价指标	评价等级			
	水平1	水平2	水平3	水平4
综合思维	在简单、熟悉的情境中能够辨识太阳辐射、地面辐射和大气逆辐射的概念及关系	对于给定的简单地理事象，能够简单分析其地理原理以及人类活动对全球气候变化的影响	能够结合不同区域发展的特点，说明气候变化及其产生的影响，并构想解决这些问题的途径	从全球视角分析气候变化的环境影响及应对措施，并进行系统性、地域性的解释
区域认知	能够根据材料认识和归纳区域特征，理解全球气候变化对不同区域造成影响的差异性	能够收集整理区域的重要信息，从区域的视角分析气候变化造成的影响	能够结合给定的区域，从空间—区域尺度分析区域特征，对气候变化对不同区域造成的影响进行评析	能够全面评析气候变化对不同区域造成的影响，并提出切实可行的解决途径
地理实践力	通过设计实验方案和动手探索，分析和理解在不同的实验情境下大气的受热过程	能够获取和处理信息并与他人合作，掌握分析与解决全球气候变化问题的基本方法	能够获取和处理复杂信息，通过对给定区域特征分析，针对气候变化对区域各要素造成的影响提出应对措施	能够主动发现和探索问题，分析气候变化对不同区域造成的影响，并提出具有针对性、创造性的解决途径
人地协调观	能够理解人类活动和全球气候变化的关系，说明人类活动对全球气候变化的影响	能够阐述全球气候变化对区域地理环境的积极影响和消极影响，理解人地协调发展的重要性	通过分析给定区域的气候变化与人类活动的关系，认识地理环境与人类活动相互影响的关系	能够分析和理解不同区域气候变化与环境、工农业等的关系，评价分析人地关系中存在的问题

2. 练习与测评

例1 某学校地理兴趣小组做了如下实验：两个相同规格的玻璃箱，其中一个底部放一层土，如图3-1-7（a）所示，另一个为空玻璃箱，如图3-1-7（b）所示，中午同时把两个玻璃箱放在日光下，15分钟后同时测玻璃箱内的气温，结果发现底部放土的玻璃箱足足高了3℃。据此回答下列问题。

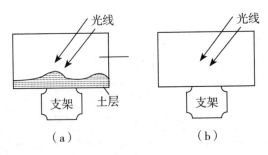

图3-1-7

1. 该实验主要目的是测试（　　　）。

　　A. 大气的温室效应　　　　　　B. 大气的热力运动

　　C. 一天中最高气温出现的时刻　D. 大气主要的直接热源

2. 图3-1-7（a）箱温度比图3-1-7（b）箱温度高的原因是（　　　）。

　　A. 太阳辐射强弱差异　　　　　B. 地面辐射强弱差异

　　C. 大气吸热强弱差异　　　　　D. 大气辐射强弱差异

答案：1. D；2. B。

例2　"温室效应"引起全球变暖已成事实。结合图3-1-8，回答下列问题。

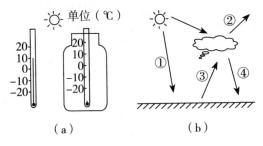

图3-1-8

3. 图3-1-8（a）为模拟温室效应的小实验，瓶子中装有二氧化碳气体，两支同样的温度计静置在阳光下，10分钟后透明玻璃瓶内温度计的读数可能是（　　　）。

　　A. 8℃　　　　　B. 10℃　　　　　C. 12℃　　　　　D. 20℃

4. 图3-1-8（b）中与温室效应相对应的大气热力作用是（　　　）。

　　A. ①　　　　　B. ②　　　　　C. ③　　　　　D. ④

答案：3. C；4. D。

案例二　瓷都印象

——重塑国家名片

浙江省仙居县城峰中学　郑宇

【课标溯源】

1.（选必2）以某资源枯竭型城市为例，分析该类城市发展的方向。以某区域为例，说明产业转移和资源跨区域调配对区域发展的影响。

2.（选必3）以某种战略性矿产资源为例，分析其分布特点及开发利用现状。

【教学内容】

1. 了解我国矿产资源主要类型和分布特征。

2. 了解某区域特征，从资源利用角度看城市和产业发展，探讨矿产资源开发利用与自然环境及人类活动的关系。

3. 了解不同资源枯竭型城市现状并提出该类城市发展的有效途径。

【学习目标】

1. 辨析矿产资源的概念，能够描述某种矿产资源的时间变化和空间分布特征。

2. 运用资料，分析说明矿产资源开发利用与区域自然地理环境及人类活动的关联性，加深学生对地理环境整体性和区域差异性的认识，培养学生的地理综合思维和区域认知能力。

3. 运用资料，分析说明资源枯竭型城市存在的问题，并提出解决该问题的途径和措施，提升学生的地理实践力。

4. 结合具体案例，分析人类活动对矿产资源积极或消极的影响，培养学生对矿产资源的忧患意识，使其形成人地协调观。

【**教学重点**】

资源枯竭型城市的成因分析及解决途径。

【**教学难点**】

区域自然地理环境特征和区域矿产资源开发利用特点，以及其与资源枯竭型城市的关联。

【**教学设计构想**】

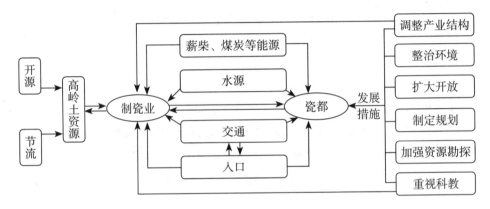

图3-2-1

【**教学情境**】

2019年10月，经国务院批复，《景德镇国家陶瓷文化传承创新试验区实施方案》出炉。在该方案中，景德镇站上了"两地一中心"的战略高地，即建设成为国家陶瓷文化保护传承创新基地、世界著名陶瓷文化旅游目的地、国际陶瓷文化交流合作中心（如图3-2-2所示）。

图3-2-2

【教学任务】

具体教学任务见表3-2-1。

表3-2-1

任务	活动内容	设计意图	素养水平要求
任务1：认识矿产资源，了解矿产资源与国家安全的内在关系	思考问题：根据特性和用途，说出高岭土矿产资源类型，根据材料描述我国高岭土矿产分布特点，从国民经济角度分析高岭土矿产与国家安全的内在关系	了解学生对相关地理概念和地理事物的认知基础，为深入探究地理问题做准备	综合思维水平2
任务2：探究瓷都兴起	问题探究：景德镇自然地理环境的特征及其对景德镇古代制瓷产业形成和发展的影响，分析景德镇的形成和发展的原因。景德镇的瓷石或高岭土分布特征，开采瓷石对区域发展带来的影响	从区域视角培养学生读图分析、要素综合、系统分析的综合思维能力	区域认知水平3 综合思维水平4 人地协调观水平2
任务3：探究景德镇制瓷业的变迁	合作探究：景德镇制瓷业分布位置变化特点及其原因，分析清代中后期景德镇制瓷业衰落的原因	通过对区域问题及因素分析，培养学生合作探究精神和思辨能力	区域认知水平3 综合思维水平4
任务4：为重塑国家名片建言献策	活动：深入开展调查和问题研究，了解景德镇的区位优势和发展问题，提出合理的建议和措施并撰写报告	通过对区域环境特征进行分析与可行性评价，了解资源枯竭型城市的发展途径，强化人地协调观	地理实践力水平3 人地协调观水平4

【教学活动示例及说明】

任务1：认识矿产资源，了解矿产资源与国家安全的内在关系。

材料1：矿产资源是指经过地质成矿作用而形成的，天然赋存于地壳内部或地表，埋藏于地下或露出于地表，呈固态、液态或气态的，并具有开发利用价值的矿物或有用元素的集合体。

材料2：高岭土和陶瓷土是两种重要的制瓷原料。高岭土指我国江西景德镇高岭所产的黏土，呈白色或灰白色粉末状，主要成分是铝和硅的氧化物，为陶瓷工业和化学工业的原料。

材料3：如图3-2-3所示是我国高岭土矿床数和储量分省区统计，如图3-2-4所示是我国高岭土矿床规模占比图。

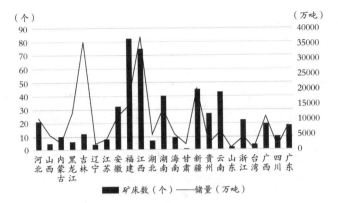

图3-2-3

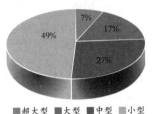

图3-2-4

活动：①根据特性和用途，说出高岭土矿产资源类型。②根据材料3，描述我国高岭土矿产分布特点。③从国民经济角度，分析高岭土矿产与国家安全的内在关系。

答案：①非金属矿产资源。②空间分布不均匀，主要分布在南方地区。大中型矿较少，小型矿较多。③高岭土矿产是制瓷业及化学工业的重要原料，关系着相关产业的发展；其开发促进了当地采矿业、制瓷业及其他相关产业的发展，为当地居民提供大量的就业机会，以及增加了人们的收入。

任务2：探究瓷都兴起。

材料：景德镇市为我国地级市，位于江西东北部，坐落在黄山、怀玉山余脉与鄱阳湖平原过渡地带。其西北与安徽省东至县交界，南与万年县为邻，西同鄱阳县接壤，东北倚安徽省祁门县，东南和婺源县毗连，介于东经116°57′—117°42′，北纬28°44′—29°56′之间，总面积5256平方千米。境内有昌江及其主要支流东河、南河，昌江自东北向西南贯穿全境。

据史载，景德镇位于昌江之南，旧称昌南镇，宋真宗景德元年（1004年）因瓷业兴盛而被赐名景德镇。景德镇制瓷历史可追溯至东汉时期，到了唐朝，景德镇先民吸收南方青瓷和北方白瓷的优点创制出一种青白瓷。景德镇青白瓷"白如玉、明如镜、薄如纸、声如磬"，传入欧洲后深受欧洲上流社会喜爱，被视为珍品。欧洲人以"昌南"（china）作为瓷器和中国的代称。元代忽必烈称帝前在景德镇设浮梁瓷局，明洪武二年设御窑厂，大量招募民窑匠人到御窑厂生产瓷器，之后"官搭民烧"（御窑厂负责制胚、成型和器表装饰，而烧制多由民窑完成）成为宫廷御用瓷器最普遍的生产方式。到了清代，"官搭民烧"演变为"尽搭民烧"（御窑厂只负责制胚、成型和器表装饰，而烧制则全由民窑完成）。景德镇因瓷而兴、因瓷而荣，成为世界的"瓷都"。

活动：①景德镇的自然地理环境有何特征？其对景德镇古代制瓷产业的形成和发展提供了哪些条件？②说出景德镇瓷石或高岭土的分布特征。分析景德镇形成和发展的原因。③瓷石的开采会给区域发展带来哪些影响？

答案：①特征：地处亚热带季风气候，气候温暖湿润；为亚热带常绿阔叶林，植被茂盛；多山地丘陵，地形起伏较大，水系众多，径流量丰富；瓷土等矿产资源丰富。条件：森林植被茂盛，提供大量薪柴，燃料丰富；水系发达，水运便利，便于瓷器外运；靠近瓷石或高岭土矿产地，原料丰富。②分布特征：多分布在上游山区。形成：河流交汇处，水运便利，地形平坦，水源充足，农业基础较好。发展：制瓷业发展，水陆交通改善；等等。③利：带动相关产业发展和就业；弊：植被破坏、水土流失、资源枯竭。

任务3：探究景德镇制瓷业的变迁。

材料1：清康熙、乾隆年间，景德镇制瓷业进入了最鼎盛时期，后逐渐衰微。20世纪后半叶，景德镇陶瓷业全面实施机械化、标准化生产，陶瓷产量及销量大增。进入21世纪，随着人们对陶瓷艺术性需求提高，景德镇瓷业开始向多元化、精细化发展。

材料2：图3-2-5为古代景德镇瓷窑变迁示意图。

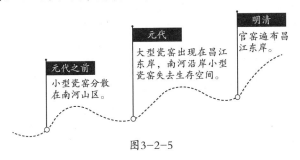

图3-2-5

活动：①说出景德镇制瓷业分布位置变化特点及原因。②分析清代中后期景德镇制瓷业衰落的原因。

答案：①特点：制瓷业分布位置由南河向昌江和东河转移，由分散分布在南河沿岸转变为集中分布在昌江东岸。原因：高岭土和瓷石多分布在东河和昌江上游，制瓷业集中分布在昌江东岸利于原料和燃料的运入和产品的运出，便于商客集散，便于扩大生产规模，利于生产技术的创新。②高岭土资源的枯竭，工业革命的冲击，交通落后。

任务4： 能否为重塑国家名片建言献策。

活动：收集材料，深入开展调查和问题研究，了解景德镇的区位优势和发展问题，提出合理的措施和建议并撰写报告。

【评价设计】

1. 水平标准

具体见表3-2-2。

表3-2-2

评价指标	评价等级			
	水平1	水平2	水平3	水平4
综合思维	能够从自然和人文地理等角度认识区域城市和产业的形成与发展	能够从多个地理要素相互影响、相互制约的角度分析区域城市和产业发展的状况，并给出简要的地域性解释	能够结合区域案例，综合各要素系统分析区域城市和产业发展的状况，能从时空维度分析其发展演化过程并做出合理的地域性解释	能够对现实城市不同时期的某种产业布局和某种矿产资源的现状及其开发利用，从要素综合、时空综合、地方综合层面进行系统性的分析与解释
区域认知	能够根据材料认识和归纳区域特征，能够理解景德镇制瓷业分布位置变化的原因	能够收集整理区域重要的信息，从区域的视角认识区域资源短缺问题并能解释其主要成因	能够结合给定的区域案例，从空间—区域尺度分析区域特征，对区域城市和产业兴衰成因进行评析	能够对区域城市和产业兴衰的成因进行全面的评析，并提出切实可行的振兴措施
地理实践力	能够获取和处理信息，探究瓷都兴衰原因及振兴的措施	能够获取和处理信息并与他人交流合作，掌握区域城市和产业发	能够获取和处理复杂信息，通过对给定区域城市和产业的分析，形成区域城市和	能够主动发现和探索问题，分析区域城市和产业在不同时期的特点，并提出具有针对性、创

（续表）

评价指标	评价等级			
	水平1	水平2	水平3	水平4
地理实践力		展的基本方法	产业发展的方法	造性的振兴措施
人地协调观	能够理解人类活动与区域环境的关系，说明人类活动对矿产资源利用的方式及利用现状的影响	能够理解矿产资源对区域产业的影响，能够阐述人类活动对矿产资源利用积极和消极的影响，理解区域可持续发展的重要性	能够分析给定区域的资源、环境和人类活动之间的关系，理解矿产资源的有限性及开发利用的潜力	能够分析和理解不同区域资源、产业、城市的内在关系，评价分析区域人地关系存在的问题

2. 练习与测评

例1 我国是世界闻名的陶瓷古国。明清时期，"瓷都"景德镇是全国的瓷业中心，产品远销海内外。20世纪80年代初，广东省佛山市率先引进国外现代化陶瓷生产线，逐步发展成为全国乃至世界最大的陶瓷生产基地。2003年，佛山陶瓷主产区被划入中心城区范围，陶瓷产业向景德镇等陶瓷产地转移。据此回答下列问题。

1. 与景德镇相比，20世纪80年代佛山陶瓷产业迅速发展的主要原因是（　　）。

    A. 市场广阔　　　　　　　B. 原材料充足

    C. 劳动力素质高　　　　　D. 国家政策倾斜

2. 促使佛山陶瓷产业向外转移的主要原因是（　　）。

    A. 产业结构调整　　　　　B. 原材料枯竭

    C. 市场需求减小　　　　　D. 企业竞争加剧

3. 景德镇吸引佛山陶瓷产业转移的主要优势是（　　）。

    A. 资金充足　　　　　　　B. 劳动力成本低

    C. 产业基础好　　　　　　D. 交通运输便捷

答案：1. D；2. A；3. C。

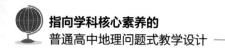

例2 阅读材料，回答下列问题。

瓷器是由瓷石、高岭土等烧制而成的，其中越窑青瓷是中国古代南方地区利用其丰富原料而炼制的著名瓷器。考古发现，越窑集中分布在杭州湾南岸的浦阳江和曹娥江流域。浙江省余姚市修建了中国第一家专业越窑青瓷博物馆，将悠久的历史文化和精美的瓷器作品呈现给游客。

1. 分析春秋、秦汉时期该地制瓷业发展的有利条件。

2. 说明游客游览浙江省余姚市越窑青瓷博物馆的主要收获。

答案：1. 该地多丘陵，森林资源丰富，燃料充足；瓷石、高岭土等原料丰富；河流众多，水源充足，水运便利。

2. 能够直观了解越窑青瓷的发展历程及其历史文化；可以欣赏优秀的青瓷作品，提高审美情趣。

案例三　资源枯竭型地区的可持续发展

浙江省仙居中学　陈瑶

【课标溯源】

1.（必修2）结合实例，说明影响工业发展的区位因素。

2.（选必2）以某资源枯竭型城市为例，分析该类城市发展的方向。

3.（选必2）以某区域为例，说明产业转移和资源跨区域调配对区域发展的影响。

4.（选必2）结合"一带一路"倡议，说明国际合作的重要意义。

【教学内容】

1. 通过案例分析，了解工业区位因素的变化及该背景下区域发展转型的必要性。

2. 认识不同资源枯竭型城市的条件差异，并分析这类城市可持续发展的有效途径。

3. 结合区域合作、国际合作的案例，认识区域合作对区域发展的重要意义。

4. 从时空对比的视角，分析不同资源型城市可持续发展的有效策略。

【学习目标】

1. 自主辨识资源枯竭型城市，能够通过案例分析资源型城市发展过程中存在的问题，并结合工业区位因素分析，明确城市发展的主要区位优势，培养地理综合思维和区域认知能力。

2. 结合实例，说明资源枯竭型城市的发展历程，归纳资源枯竭型城市的发展规律，寻求资源枯竭型城市可持续发展的有效途径，形成人地协调观。

3. 运用资料，说明区域发展转型中国际合作、区域合作的重要性，并分析区域合作对沿线地区的社会经济意义。

4.结合案例，分析不同时空背景下资源型地区的可持续发展路径差异，辩证地认识资源型城市的资源条件带来的影响，培养对区域资源条件的忧患意识。

【教学重点】

资源枯竭型城市的发展历程及可持续发展的有效途径。

【教学难点】

资源型城市区位条件的发展变化和不同条件下的可持续发展途径。

【教学设计构想】

教学设计构想如图3-3-1所示。

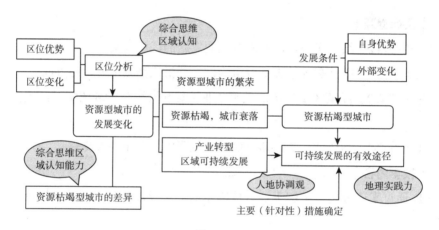

图3-3-1

【教学任务】

教学任务见表3-3-1。

表3-3-1

任务	活动	设计意图	素养水平要求
任务1：学在"中国城"，用在中国城——杜伊斯堡（鲁尔区）发展的过程和可持续发展的措施和方向	以杜伊斯堡—埃森大学20世纪以来专业变化，分析杜伊斯堡及其所在的鲁尔区产业的发展变化，归纳资源型城市发展的一般规律；结合德国工业4.0和"一带一路"倡议，探索以杜伊斯堡为代表的资源枯竭型城市可持续发展的策略。	通过解读图文信息，认识区域发展的过程，培养学生辨析区域发展变化成因和系统看待地理问题的能力，了解资源型城市可持续发展的途径，强化人地协调观	区域认知水平2综合思维水平3人地协调观水平3

（续表）

任务	活动	设计意图	素养水平要求
	收集我国某资源枯竭型城市的相关资料，分析该资源型城市的发展历程，借鉴国内外成功经验，提出可持续发展的对策		地理实践力水平4
任务2："钢铁之都"到"绿色之都"——探究日本北九州的"绿色成长"	问题探究：20世纪50年代北九州成为日本"钢铁之都"有哪些有利区位？20世纪末北九州实现"绿色"可持续发展的措施和经验。"北九州模式"对上海发展循环经济的启示	通过对区域发展的区位分析和不同阶段发展模式的对比，培养学生综合思维能力。分析资源枯竭型城市实现可持续发展的具体举措，评价措施的有效性，形成科学的人地协调观，提升知识迁移应用能力	区域认知水平2 综合思维水平3 人地协调观水平3 地理实践力水平3
任务3："风光气储"新大庆	合作探究：大庆能源业务发展变化对资源（能源）枯竭型城市可持续发展的意义	通过分析区域可持续发展的具体措施，理解资源跨区域调配对资源枯竭型城市可持续发展的重要意义，培养学生合作探究意识和综合思维	区域认知水平2 综合思维水平4 人地协调观水平3
任务4：川东门户——泸州	问题思考：资源枯竭型城市为什么发展动力不足？泸州近十年的经济增长主要依托哪些优势条件？在四川盆地成为西气东输气源地之一的大背景下，四川省资源（天然气）型城市发展规划的重点是什么？	通过对资源型城市当前发展变化的区位梳理，明确不同时期区域发展的重点，培养学生综合思维，树立正确的人地观，学会用发展的眼光看问题	区域认知水平3 综合思维水平3 人地协调观水平3
任务5：EOD模式下徐州贾汪区的矿区生态修复	问题思考：贾汪区对煤炭资源的无节制开采和无序利用会引发哪些环境问题？评价采煤塌陷区湿地基塘养殖模式的优势。从区域可持续发展的角度分析打包生态项目和相关联产业项目的优点。问题探究：贾汪区农业发展的特点。结合贾汪区的农业现代化建设为我国其他煤矿区生态修复提供建议	通过某个角度的可持续发展策略分析，明确在不同环境背景下资源枯竭型地区发展的重点，并进行可行性评价，认识具体措施实施的必备条件，强化人地协调观	区域认知水平3 综合思维水平3 地理实践力水平2 人地协调观水平4

【教学活动示例及说明】

任务1：学在"中国城"，用在中国城。

材料1：杜伊斯堡大学建于1655年，是德国早期著名的大学之一。从19世纪到20世纪中期，从这里走出了大批著名的机械设计师，但到了20世纪60年代，杜伊斯堡大学的机械制造专业几乎进入"停滞"阶段，招生人数锐减，为此，杜伊斯堡大学在重点研究方向上进行了调整。20世纪末，杜伊斯堡大学将重点研究方向放在城市系统、纳米科技、医学和教育等领域，相关专业也得到了政府的大力扶持。

"一带一路"倡议下，中欧班列带来了中国的商品、人员、资本，迅速拓宽了杜伊斯堡的视野。在德国的工业4.0战略的影响下，越来越多的中国留学生选择入学杜伊斯堡－埃森大学的机械制造与自动化专业学习深造。"我们是德国的'中国城'。"杜伊斯堡的社会民主党市长索伦·林克如是说。

材料2：20世纪50年代至20世纪末鲁尔区工业分布变化。（见湘教版地理选择性必修2《区域发展》第54页图2-26和第56页图2-28）

活动：①结合图文，说出20世纪60年代至20世纪末，德国鲁尔区转型发展的主要变化。②基于区域发展实际，区域阶段性发展特征对大学的专业设置有哪些影响？③20世纪末，杜伊斯堡大学的重点研究方向将对区域转型产生哪些影响？④分析"一带一路"倡议和工业4.0战略对杜伊斯堡"二次转型"的有利影响。⑤拓展活动。《用在中国城：国内资源枯竭型地区发展决策》：查找国内资源枯竭型地区（如山西）的材料，结合其当前发展现状和区位条件，借鉴国内外成功经验，分析该资源型城市的发展历程并提出可持续发展的对策。

任务2：日本北九州——"钢铁之都"到"绿色之都"。

材料1：北九州市位于日本九州岛北端，是日本主要的工业城市和港口城市。依托筑奉煤矿，1901年，北九州市第一座现代化高炉的国营八幡制铁所正式投入生产，到20世纪50年代，北九州市一跃成为日本四大工业地带之一，钢铁、化学、金属、陶瓷等原材料型产业成为发展的重心，为战后日本经济高速发展做出了突出的贡献。伴随着重化工业的发展，大气污染、水污染、噪声污染等一系列的环境问题也日益加深。1968年，北九州市爆发了震惊世界的"火鸡事件"，也因此被联合国列为环境危机的500座城市之一。1971年，为了改变现状，北九州市政府联合企业、高校、民众，成立了地方环保局，发展至今，已形成了"官、产、学、民"的"北九州模式"，治理模式成为国际社会的典范。1990年，北九州市成为第一个获得联合国环境规划署全球500奖的日本城市，是联合国表彰的治理环境典型城市，创造了治理工业环境的"北九州模板"，向外界传达出"普通百姓积极行动可以改变污染最严重的城市"的重要信息。2002年，北九州市在约翰内斯堡的世界首脑会议上获得"可持续发展奖"。2012年，北九州市被经济合作开发机构（OECD）确定为亚洲地区首座"绿色成长型城市"。

活动：①说出日本主要工业区空间分布特征。②结合材料，分析20世纪50年代北九州市成为日本"钢铁之都"的有利区位条件。③20世纪中期，北九州工业区的工业结构主要会产生哪些不利影响？④概括"北九州模式"的成功经验。⑤延伸对比——上海发展循环经济的必要性分析。

材料2：2018年，上海市经济和信息化工作委员会相关负责人到访R国某市就推进节能环保领域产业发展进行考察。R国某市环保部门长期与上海产业发展、生态环境主管部门保持友好交流合作关系，该市发展循环经济产业的一些举措和经验尤其值得我们借鉴和学习。2019年7月1日，上海实施生活垃圾分类，原生"生活垃圾零填埋"。

材料3：R国某市循环发展资源化利用时间表，见表3-3-2。

表3-3-2

城市	第一阶段	第二阶段	第三阶段	第四阶段	第五阶段
R国某市	20世纪70年代中期开始实施生活垃圾分类	20世纪80年代末开始逐步细化垃圾分类品种	20世纪90年代开始出台循环经济法，强化资源综合利用	2000年后减少人均垃圾年产出量，减少垃圾焚烧量和飞灰产出量	2010年后提出"垃圾零填埋"目标，提高资源综合利用率，减少土地占用

活动：①归纳上海发展循环经济的必要性。②请从政府层面为上海市循环经济发展制订方案。

任务3："风光气储"新大庆。

材料：大庆油田拥有世界上为数不多的特大型砂岩油气藏（地下富含油气资源的密闭空间），培养并储备了大量油气工业建设和管理人员。随着不断开采，大庆出现了油气资源逐渐枯竭的现象，同时在碳中和的背景下，石油资源的利用受到了挑战。2019年12月2日，中俄东线天然气管道正式投产通气，大庆利用位于中俄东线天然气管道重要节点的优势，建设天然气储气库。2022年7月1日并网发电的大庆油田星火水面光伏示范工程，是打造"大庆油田绿色低碳可持续发展示范基地"的先导示范工程，也是中国石油首个水面光伏项目。大庆油田聚焦"双碳"目标，注重新能源业务发展的系统性、关联性和协同性，统筹推进新能源业务与节能减排，完善风、光、地热、CCUS（碳捕集、利用与封存）等业务的发展路径、技术体系、管理模式，加速形成绿色低碳发展的战略布局。图3-3-2是大庆油田1960—2060年油气产量结构图。

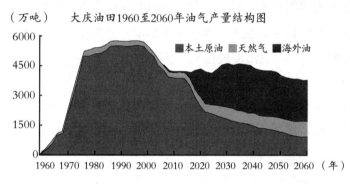

图3-3-2

活动：①分析大庆发展"风光气储"能源战略的条件。②中俄天然气管道东线投产对大庆（东北）能源结构的影响。③从能源安全的角度分析大庆推进"风光气储"能源战略的必要性。

任务4：川东门户——泸州。

材料1：作为历史文化名城的四川泸州，也是四川省唯一的资源枯竭型地级市。过去十年，10大资源枯竭型城市中9个城市的经济为正增长，其中经济增速最高的是四川省泸州市，10年GDP增速高达167％。食品饮料产业支撑着泸州经济的快速发展，使它远远超过了全国经济的平均增速。

材料2：泸州港口物流业的发展。长江泸州段长度为136千米，占据川江段的2/3，是长江入川的首个港口，为四川省境内航道条件最为良好的航段。泸州港口货物吞吐量呈现快速增长趋势，从2010年的1772万吨增长至2017年的3493万吨，8年时间内货运吞吐量增加了一倍左右。

活动：①资源枯竭型城市为什么发展动力不足？②泸州近十年的经济增长

主要依托哪些优势条件？③在四川盆地成为西气东输气源地之一的大背景下，四川省内资源（天然气）型城市发展规划的重点是什么？④从地理位置角度分析泸州发展港口物流业的优势区位。请你谈谈港口物流业的发展对泸州其他产业发展的影响，请至少列举两个产业发展示例。

任务5： EOD模式下徐州贾汪区的矿区生态修复。

材料1：徐州市贾汪区是苏北煤炭资源最丰富的地区，素有"苏北煤城"之称，曾在区域乃至全国经济建设中发挥重要作用。贾汪区是徐州市"一纵一横"生产力布局的重要组成部分，主导产业为制造业、冶金业、煤炭化工业、电力能源和建材业等。百余年的采煤史给贾汪留下了13.23万亩的采煤塌陷地。天灰、地陷、墙裂、水黑，无节制开采和无序利用引发了一系列问题，贾汪区面临着"矿竭城衰"的发展困境。

活动：贾汪区对煤炭资源的无节制开采和无序利用会引发哪些环境问题？

材料2：2020年，生态环境部、国家发展和改革委员会、国家开发银行三家单位联合发起两批EOD（Ecology-Oriented Development）试点征集，该模式适用于废弃土地生态修复、矿山修复、流域生态修复等生态环保类项目的综合开发。贾汪区开展了EOD模式下的更新转型，为了提升生态承载力，贾汪区以EOD模式运行采煤塌陷区生态环境恢复治理工程，以打包生态项目和相关联产业项目的方式实现了生态环境与经济建设双赢。近年来，贾汪区共计治理采煤塌陷地12.53万亩；建设江苏省绿化示范村36个，新增造林面积11万余亩，2021年年底林木覆盖率30.8%，位居徐州市前列；全区两个露天采矿山均入选国家级绿色矿山名录。

材料3：采煤塌陷区生态修复框架图（图3-3-3）。

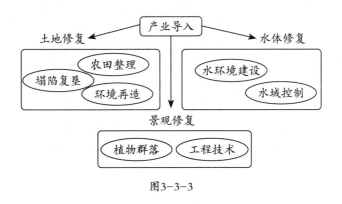

图3-3-3

材料4：采煤塌陷区湿地基塘养殖示意图（图3-3-4）。

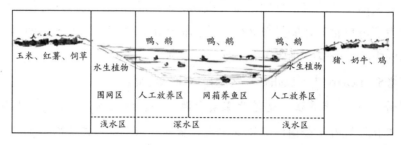

图3-3-4

活动：①评价采煤塌陷区湿地基塘养殖模式的优势。②与单一的生态恢复方式相比，从区域可持续发展的角度评价打包生态项目和相关联产业项目的优点。

延伸阅读：如图3-3-5所示，EOD模式包括三个阶段：第一阶段，重构生态网络格局，通过生态系统修复、环境治理、生态网络构建，打造城市发展的生态基底；第二阶段，提升城市整体环境质量，通过优化城市格局、提升交通能力、完善公共设施、塑造特色景观等手段提升城市整体环境质量，为特色产业发展打好基础；第三阶段，产业链延伸及人才引进，通过产业链延伸激活区域经济，吸引人才流入，提高居民收入、政府税收和企业利润，构建自平衡的正反馈回报机制。EOD模式的收益来源主要为土地溢价增值、土地出让收入和产业反哺分成。EOD模式有明显的正外部性，有助于提升生态环境质量和自然资源价值，改善居民生活环境。

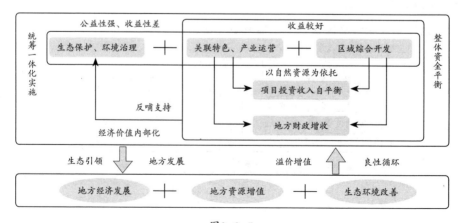

图3-3-5

活动：评价EOD模式三个阶段的发展目标的差异。

材料5：近年来，贾汪区大力推进产业由"地下"向"地上"转移，大量复垦土地以及塌陷湿地为贾汪生态农业的发展奠定了基础，同时，贾汪区正加快农业产业转型升级步伐，积极发展集优质、高效、安全、生态、休闲于一体的现代农业。

材料6：江苏省2020年农业现代化指标体系与贾汪区农业目标比较，见表3-3-3。

表3-3-3

地区	高效设施农业比重（%）	高标准农田比重（%）	主要农作物机械化水平（%）	农业科技进步贡献率（%）	农业适度规模经营比重（%）	农民参加专业合作社比重（%）	农民人均纯年收入（万元）
江苏市	20	60	85	70	80	80	1.8
贾汪区	30	60	85	75	80	85	2.0

活动：①试分析贾汪区农业产业发展的特点。②请结合贾汪区的农业现代化建设为我国其他煤矿区生态修复提供建议。

【评价设计】

1. 水平标准

表3-3-4

评价指标	评价等级			
	水平1	水平2	水平3	水平4
综合思维	能够从资源、土地、环境等角度认识和理解区域发展的基本情况	能够从时空角度认识资源型城市的发展阶段差异，并说明原因	能够结合资源枯竭型城市可持续发展案例，综合分析区域发展中存在的问题，并提出相应的措施	能够对不同类型资源枯竭型地区进行条件对比分析，从区位要素综合、时空变化、区域联系等层面进行系统性的分析，并提出具有针对性的可持续发展策略
区域认知	能够结合材料，认识和归纳区域特征，明确影响区域	能够在给定区域资料信息基础上，从区域的视角认识资源型地	能够结合区域案例，从不同空间尺度评价区域发展条件，对资源型地区发展的外部条件变化	能够对不同的资源型城市发展时期进行成因评析，并结合区域内外部条件提出切实可行的可

（续表）

评价指标	评价等级			
	水平1	水平2	水平3	水平4
区域认知	发展的主要区位因素	区发展生命周期，并分析区位条件变化	进行评价分析	持续发展策略
地理实践力	能够获取图文信息，探究资源枯竭型城市发展中的主要问题	能够分类和处理信息并与他人合作探究，掌握分析资源型城市生命周期不同阶段的问题差异的基本方法	能够分析提炼复杂信息，通过收集相关信息对资源枯竭型地区的发展问题及应对措施做出评价，掌握解决问题的基本方法	能够以问题为基础检索相关资料并迁移应用，分析其他资源枯竭型地区的发展问题并提出有针对性的措施，对可持续发展策略进行可行性评价
人地协调观	能够理解资源枯竭型地区的发展与人类活动之间的关系，说明人类活动对区域发展变化的主要影响	能够解释人类活动对资源型城市的积极和消极影响，理解资源型城市可持续发展的主要方向和资源开发中遵循自然规律的重要性	能够分析某个特定区域资源开发利用中的问题，提出合理的开发方案，阐述人类活动与资源型地区发展间的关联性	能够分析和解释不同区域资源开发与区域发展间的关系，并在区位变化的基础上，评价区域可持续发展中人地关系的特点

2. 练习与测评

例1 德国鲁尔区曾是以煤炭、钢铁产业为主的传统工业区，经过综合整治，鲁尔区的经济由衰落走向繁荣，环境污染严重的局面得到根本改善。目前，该区有500多万人口，50多座城市，老龄人口比重高居德国之首。该区医疗保健业发达，拥有100多家医院、近万名医生及数以千计的保健站、药店等。波鸿市位于鲁尔区中部，西邻埃森，东界多特蒙德，人口近40万，是重要的生物制药基地，该市多所大学的医学研究处于世界领先水平。2009年，鲁尔区医疗保健中心落户波鸿市，并新建保健园。

1. 概括鲁尔区的等级规模和空间分布特征。

2. 分析鲁尔区医疗保健业发达的原因。

3. 说明在波鸿市建设鲁尔区医疗保健中心的优势条件。

4. 指出波鸿市保健园选址的合理性。

答案：1. 城市数量多，规模小，主要以中小城市为主；城市建成区连片，城市间距离近。

2. 鲁尔区是德国也是世界的重要工业区，经济发达，医学研究水平高；曾经环境污染严重，健康问题多，对医疗保健需求高；老龄人口比重高，对医疗保健需求大。

3. 有多所大学（高等院校），医学科研力量雄厚；有生物制药科学园，医药研制水平高；位置适中，有利于医疗保健和医学研究、医药生产间的联系和相互促进。

4. 保健园靠近生物制药科学园和鲁尔大学，可提供知识和技术支撑；位于城市边缘，环境较优，安静。

例2 阅读材料，回答下列问题。

材料1：近年来，山西省大力开发风能、太阳能等清洁能源（绿色能源），打造新型能源基地。2015年年底，该省太阳能和风能电力装机总量约占全省电力装机总量的11%。图3-3-6，为山西省20世纪80年代以来支柱工业变化示意图。

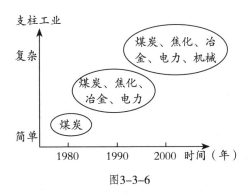

图3-3-6

材料2：太原某企业过去向美国出口普通钢材，近年来该企业研发出超薄钢材，其科技含量高，附加值高，交货周期短，主要用于高端电子、航空航天等领域并对美国出口。

1. 说出山西省工业结构的主要特点，并说明这种特点带来的主要问题。

2. 有专家认为山西省利用风能、太阳能发电难以取代火力发电，请说明理由。

3. 该企业产品升级后向美国出口钢材，推断运输方式可能发生的变化并说

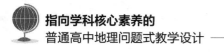
明理由。

答案：1. 特点：以重工业为主，工业门类增多。问题：煤炭等资源消耗量大；污染物排放量大，环境污染较重；经济效益较低。

2. 太阳能、风能资源不丰富，生产波动性较大，太阳能、风能发电成本较高。

3. 变化：海运变为空运。理由：普通钢材体积、质量大，附加值低，宜海运；超薄钢材体积、质量小，附加值高，市场需求时效性强，宜空运。

例3 阅读材料，回答下列问题。

材料1：中俄天然气管道东线途经我国东北地区，并配套建设地下储气库。该管道工程管径大，试压残留水难以彻底清除，天然气在低温、高压条件下遇水易生成水合物。投产后东北地区整体供气格局将呈现"北气南下、就近供应、海气登陆"的特点。

材料2：大庆油田拥有世界上为数不多的特大型砂岩油气藏（地下富含油气资源的密闭空间），培养并储备了大量油气工业建设和管理人员。随着油气资源衰竭，相关设施未得到充分利用。

1. 黑龙江省的气温特点是什么？并指出其对天然气管道安全运行的负面影响。

2. 分析大庆利用闲置油气藏建设地下储气库的可行性。

3. 说出中俄东线投产对东北地区天然气市场的影响。

答案：1. 冬季严寒；气温年较差大。冬季天然气需求量大，管道冰堵，影响天然气输送；冻融变化导致管道变形损坏。

2. 位于中俄东线天然气管道的重要节点；油气藏资源丰富，密闭性好，安全性高；充分利用已有设施，节约生产成本；人才储备丰富。

3. 增加供给，缓解天然气短缺；推动天然气替代煤炭，优化能源供应结构；改变供气格局。

案例四 "点废成金"走进台州拆解业

——协调人地关系，实现可持续发展

浙江省台州市宁溪中学 龚梦婷

【课标溯源】

（必修2）结合资料，归纳人类面临的主要环境问题，说明协调人地关系和可持续发展的主要途径及原因。

【教学内容】

1.认识并反思不合理的人类活动导致的大量环境问题。

2.结合资料，理解人地关系思想受到社会生产力的制约并具有阶段性特征。

3.结合案例，分析如何转变"传统发展模式"，探究"自然资源的可持续利用、环境污染治理和生态保护"的具体措施。

【学习目标】

1.了解人地关系思想的演变过程，认识人类对待环境的态度和行为在不同生产力发展水平的历史时期的差异。

2.通过阅读图文材料，提取和处理有效信息，培养区域认知能力和综合思维能力。

3.通过认识人类对环境的影响，形成正确的人地协调观，树立科学的资源观、环境观和发展观。

【教学重点】

说明协调人地关系和可持续发展的主要途径。

【教学难点】

说明循环产业链如何体现可持续发展模式。

【教学设计构想】

教学设计构想见图3-4-1。

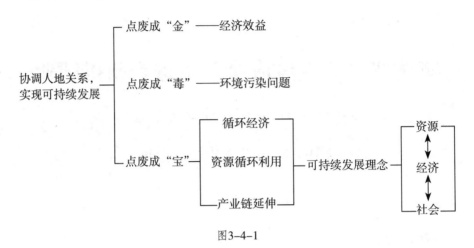

图3-4-1

【教学任务】

教学任务见表3-4-1。

表3-4-1

任务	活动内容	设计意图	素养水平要求
任务1：认识台州拆解业	通过一份台州拆解业调研报告认识台州拆解业，并结合材料谈谈对"城市矿产"的理解	创设乡土地理情境，用"源于生活"的真实材料激发学生地理探究兴趣，提升其区域认知定位及区域分布格局洞察能力，落实区域认知素养	区域认知水平1
任务2：列举拆解过程中产生的环境污染问题	问题思考：结合新闻信息列举拆解过程中产生的环境污染问题	通过实例理解地对人、人对地的影响，以及人与地相互协调关系，培养学生的社会责任感，使其树立人地协调观	综合思维水平2 地理实践力水平1 人地协调观水平1
任务3：认知"循环经济"	问题思考：根据台州市金属资源再生产业基地园区发展特点，谈谈对循环经济的理解，并以废铝拆解回收为例，完善园区内资源循环利用模式图	通过认识循环经济，培养学生综合分析可持续发展理念中各要素的能力；并通过绘制完善园区内资源循环利用模式图培养学生读图绘图能力	综合思维水平3 地理实践力水平3 人地协调观水平2

（续表）

任务	活动内容	设计意图	素养水平要求
任务4：探讨可持续发展的理念	思考与探究：说明循环经济产业链如何体现可持续发展的理念。台州拆解业的发展对人地关系产生了哪些影响？其今后又将如何变化？	通过分析人类活动对地理环境的影响，判断在人类活动影响下环境发展的变化，提升学生分析人地关系的综合思维能力	综合思维水平3 区域认知水平4 地理实践力水平3 人地协调观水平4
任务5：课外走访	利用周末时间前往台州路桥有色金属市场考察并分享走访感悟	从教学实际出发，通过实地走访提升地理观察、地理调查和地理表达等地理实践素养	地理实践力水平4 人地协调观水平4

【教学活动示例及说明】

一、点废成"金"

任务1：认识台州拆解业。

材料：浙江台州洋垃圾拆解业。台州是金属资源相对匮乏的城市，但因为金属资源再生产业（下称拆解业），台州市每年铜产量约达40万吨、铝产量约35万吨、钢铁产量100多万吨，"城市矿产"支撑起整个工业的发展。台州的废旧金属拆解回收利用产业始于20世纪70年代末，当时台州工业每年大约需要钢材12万吨，而国家计划配给只有0.7万吨，供不应求催生了固废拆解业。

活动：请你谈谈对"城市矿产"的理解。

答案："城市矿产"主要是指报废的电子产品、电器中含有的大量的贵金属，可进行回收利用以提高资源重复利用率。

二、点废成"毒"

任务2：列举在拆解过程中产生的环境污染问题。

材料：央视关于"拆解业污染，台州发展之痛"的新闻报道——"早期台州固废拆解业，工厂多为地下'洗金'作坊"。拆解金属的过程中，用强酸甚至剧毒的氰化物溶解金、银等贵金属，化学品以及废液、废渣和颗粒物进入土地表层或散发在空气中，直接威胁当地人的身体健康，如图3-4-2所示。

（a）　　　　　　　　　（b）

（c）　　　　　　　　　（d）

图3-4-2

活动：请列举拆解过程中产生的环境污染问题。

答案：产生大气污染、水污染、土壤污染、固体废弃物污染、噪声污染、海洋污染等。

三、点废成"宝"

任务3：认识"循环经济"。

材料1：台州市金属资源再生产业基地从"垃圾经济"走向"循环经济"。台州市金属资源再生产业基地园区内对拆解排放过程中产生的污染物进行充分利用，使经济活动对自然环境的影响最小化，既节能又环保。图3-4-3是循环经济示意图。

图3-4-3

材料2：播放视频《环保科普——易拉罐是如何被回收利用的？》辅助学生理解。

活动：①请你谈谈对循环经济的认识。②以废铝拆解回收为例，完善园区内资源循环利用模式图（图3-4-4）。

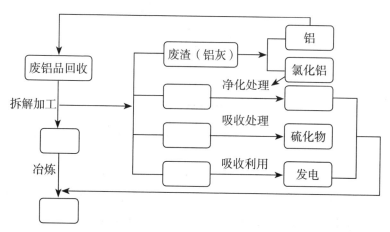

图3-4-4

答案：①循环经济又称"资源循环经济"，强调将经济活动组成一个资源产品可再生的反馈式流程，以资源节约和循环利用为特征，采用经济与环境和谐发展的模式，以实现低开采、高利用、低排放，将经济活动对环境的影响降到最低程度。②见图3-4-5。

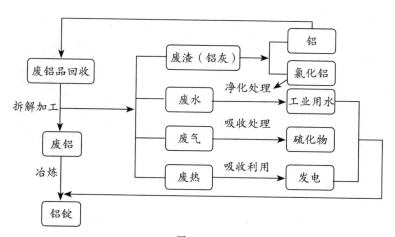

图3-4-5

任务4：探讨可持续发展的理念。

材料1：以浙江巨东股份有限公司为例，巨东主要业务从最初的废旧金属拆解到铜棒、铝锭加工，再到生产水暖阀门设备，公司未来将继续向深加工产业不断延伸拓展。图3-4-6为铝锭的用途。

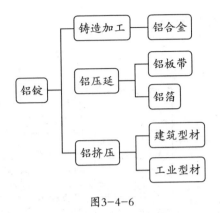

图3-4-6

材料2：台州拆解业在带来巨大经济效益的同时，也造成了严重的生态污染。台州市相关部门积极做出众多应对措施，促使生态环境发生重大改观。曾是全国最大的废旧金属再生产业基地路桥区峰江街道，盘活利用土地、加强基础设施建设、引进花卉企业……从绿满到绿美，再从绿富到绿强，峰江在成为"台州大花园"的路上徐徐前进，完成了彻底的蜕变。经过多年的土壤修复试验，峰江目前已基本恢复农用地功能（图3-4-7），但修复18亩土地共投入资金985万元，平均每亩超过50万元。

（a）　　　　　　　　　　　　　　（b）

图3-4-7

活动：①请说明循环经济产业链如何体现可持续发展的理念。②台州拆解业的发展对人地关系产生了哪些影响？其今后又将如何变化？

答案：①环境持续发展：废弃物回收利用，节约并提高了资源利用率，减少了废弃物的排放，保护了生态环境。经济持续发展：废旧金属回收后的深加工延长了产业链，加强了生产联系并提高了资源的附加值，利于促进当地经济发展；共用基础设施和发展技术利于降低成本，提高经济效益。社会持续发展：产业链的延伸有利于带动就业，利于人们形成新的资源和环境观。②略。

任务5：课外走访。

活动：利用周末时间前往台州路桥有色金属市场考察并分享走访感悟。

课堂小结：改进后的台州拆解业发展方式，实现了资源、经济和社会效益的统一，符合可持续发展的理念。可持续发展是一个动态的、综合性的概念，是由生态、经济、社会的持续发展相互联系、相互制约共同组成的系统，如图3-4-8所示。

图3-4-8

既强调可持续，又强调发展，是人地关系协调发展的表现。其中，生态可持续是发展的基础，强调发展要与资源环境承载力相协调；经济可持续是发展的条件，强调发展不仅要重视数量增长，更要追求改善质量，改变传统的生产和消费模式；社会可持续是发展的目的，强调发展要以改善和提高生活质量为目的，与社会进步相适应。

【评价设计】

1.水平标准

表3-4-2

评价指标	评价等级			
	水平1	水平2	水平3	水平4
综合思维	能够说出台州拆解业发展的基本情况，培养能够全面、系统、动态地认知地理事物和现象的思维品质	能够从多个地理要素相互影响、相互制约的角度，分析台州拆解业的变化，并给出简要的地域性解释	能够从时空维度说出台州拆解业发展的变化，对其发生、发展、演化进行分析，并给出合理解释	能够对不同时期台州拆解业所呈现的人地关系进行综合分析，辩证地看待现实生活中的地理问题

（续表）

评价 指标	评价等级			
	水平1	水平2	水平3	水平4
区域 认知	能够说出台州拆解业所处的地理位置及生产过程中所产生的环境污染	能够在给定信息的基础上对信息进行简单加工，并解释台州拆解业发展的得失	能够结合区域案例，从不同空间尺度评价区域发展条件，对金属资源再生产业基地园区发展模式的转变进行评析	能够对不同时期拆解业的发展特点进行成因分析，并评析金属资源再生产业基地园区循环经济产业链体现的可持续发展理念
地理 实践 力	能够获取图文信息，列举拆解业发展过程中产生的环境污染问题	能够对信息进行分类和处理，并与他人合作探究，掌握分析拆解业发展不同阶段问题差异的基本方法	能够分析提炼复杂信息，对循环经济产业链如何体现可持续发展的理念进行说明	能够实地走访考察台州路桥有色金属市场，预测分析台州拆解业未来发展变化并阐释其可持续发展的途径
人地 协调 观	能够简单说出拆解业发展对地理环境的影响	能够结合台州拆解业发展模式的转变，理解人们对人地关系认识阶段性表现及措施	能够通过台州拆解业发展过程中出现的人地矛盾实例，分析原因并提出改进意见	能够从台州拆解业的发展历程中感悟人地关系协调发展的重要意义

2. 练习与测评

例1 读循环经济模式图（图3-4-9），回答下列问题。

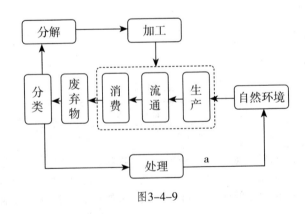

图3-4-9

1. 下列行为能较好体现"循环经济"的是（　　　）。

①消费者选用具有环保标示的产品　②城市垃圾焚烧发电、集中填

③生产企业减少商品的过度包装　④加强对产品生命周期的环境监督

A.①②③　　　B.②③④　　　C.①③④　　　D.①②④

2.有关a过程的结果，下列说法正确的是（　　　）。

A.提供新自然资源　　　　　B.产生新的废弃物

C.减少污染　　　　　　　　D.节约资源

答案：1.C；2.C。

例2　传统经济是由"资源→产品→污染物排放"所构成的物质单向流动的经济，循环经济倡导的是一种建立在物质不断循环利用基础上的经济发展模式，生态园建设就是这方面的一种尝试，根据图3-4-10回答下列问题。

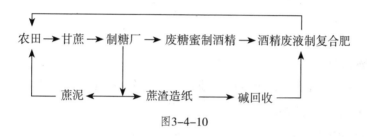

图3-4-10

1.图中的生态园生产体系反映出该生态园（　　　）。

①实现了生产的完全无污染物排放　②促进了甘蔗种植的产业化进程③摆脱了生产的季节周期性和地域性　④实现了生产过程能量和资源的梯级利用

A.①②　　　　B.①③　　　　C.②④　　　　D.③④

2.下列不符合从传统经济向循环经济转变的行为是（　　　）。

A.政府制定相关法规，加强对产品生产周期的环境监督管理

B.城市大量建设垃圾发电厂

C.生产企业和销售企业实施清洁生产和减少浪费

D.消费者选用环保产品，减少废弃物

答案：1.C；2.B。

案例五　大国粮策·大豆启示录

——耕地资源与粮食安全

浙江省临海市回浦中学　陈微

【课标溯源】

（选必3）结合图表，解释中国耕地资源的分布，说明其开发利用现状，以及耕地保护与粮食安全的关系。

【教学内容】

1. 通过图表比较，认识中国粮食安全的现状。

2. 通过区域分析，认识耕地资源保护和粮食安全的关系。

3. 通过具体案例分析，理解粮食安全和国家安全的关系，并提出实现粮食安全的有效途径。

【学习目标】

1. 结合中国粮食安全的现状，理解粮食作物的类型和粮食安全的内涵。

2. 结合具体案例，分析中国实现粮食安全的途径，并理解中国耕地保障措施。

3. 结合材料，理解中国未来粮食安全面临的挑战及耕地资源与粮食生产能力的关系。

【教学重点】

中国耕地资源的分布特征和实现粮食安全的途径。

【教学难点】

1. 中国耕地保护与粮食安全的关系。

2. 从粮食安全概念出发构建实现粮食安全的途径。

【教学设计构想】

教学设计构想见图3-5-1。

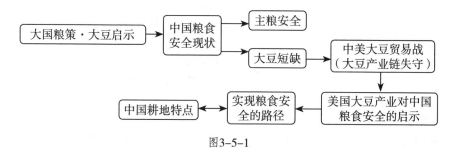

图3-5-1

【教学情境】

饥饿曾是中国历史上的一大难题。自然灾害引发饥荒，进而导致农民起义，引发社会动荡的记载不绝于史。

【教学任务】

教学任务见表3-5-1。

表3-5-1

任务	活动内容	设计意图	素养水平要求
任务1：中国粮食安全现状	思考问题：根据2021年中国粮食进口与产量表，简述中国粮食安全现状；理解粮食作物的类型和粮食安全的概念；列举你在生活中接触的大豆制品或者以大豆为原材料的产品	了解中国粮食安全的现状，对相关的地理概念和地理事物形成初步认知，为深入探究地理问题做准备	综合思维水平2
任务2：中国大豆之殇	问题探究：简述中国大豆对外依存度的变化趋势；论述中国是否需要改变大量进口大豆的现状及原因；作为世界上两个最大经济体之一，中国还是传统的农业大国。简述M国的粮食安全性对中国的启示	通过翔实的数据和历史事件，学会辩证思考，深刻认识粮食安全的重要性，培养时空综合分析思维	综合思维水平3
任务3：大国粮策	合作探究：结合相关资料，说明美国大豆种植对中国保证粮食安全的启示；说出中国耕地保护措施	通过比较分析，培养获取和解读材料的能力；从概念出发思考构建粮食安全的路径和耕地保护措施，提高综合思维能力	综合思维水平4 区域认知水平2

（续表）

任务	活动内容	设计意图	素养水平要求
任务4：中国耕地的特点	合作探究：分析中国耕地特点及对粮食安全的制约；简述2016年以来，中国大豆种植面积开始稳步上升的原因	通过分析，深刻理解中国耕地资源的分布特征对粮食安全的制约，认识科技发展对保证粮食安全的重要性，树立科学的人地协调观	区域认知水平3人地协调观水平4

【教学活动示例及说明】

情境导入：饥饿曾是中国历史上的一大难题。自然灾害引发饥荒，进而导致农民起义，引发社会动荡的记载不绝于史。

任务1：中国粮食安全的现状。

材料：表3-5-2为2021年我国粮食进口与产量对比表。

表3-5-2

项目	产量（万吨）	进口（万吨）	进口/产量（%）
合计	63276	16454	26
稻谷	21284	496	2
玉米	27255.2	2835	10
小麦	13694.6	977	7
大豆	1960	9652	492

活动：①简述粮食作物的主要类型和粮食安全的概念。②根据2021年中国粮食产量与进口的对比表，简述我国粮食安全现状。③列举你在生活中接触的大豆制品或者以大豆为原材料的产品。

答案：①粮食作物是对谷类作物（包括小麦、水稻、玉米等）、薯类作物（包括甘薯、马铃薯等）及豆类作物（包括大豆、蚕豆、豌豆、绿豆等）的总称。稻谷、玉米、小麦是世界三大主粮。粮食安全是指保证人们能够及时得到生存和健康所需的足够食物。粮食生产、储存、流通、进出口四个环节中，任何一个环节出现问题，都可能会危及粮食安全。②主粮是安全的，但中国粮食安全有一个很大的漏洞，就是大豆。③大豆可以榨油和制成豆制品（豆浆、豆腐等），大豆是重要的动物饲料——豆粕，大豆卵磷脂有利于人体神经系统的发育，大豆在糖果食品工业、医药、造纸和制革的领域被广为应用。

任务2：中国大豆之殇。

材料1：图3-5-2为1980—2014年我国大豆的产量、净进口量和对外依存度。

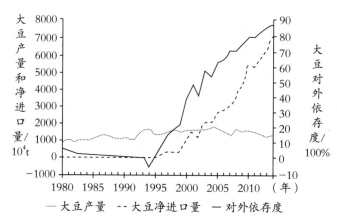

注：大豆对外依存度=大豆净进口量/（大豆生产量+大豆进口量）

图3-5-2

活动：①简述我国大豆对外依存度的变化趋势。②我国是否需要改变大量进口大豆的现状？请谈谈你的看法。

答案：①从1994年开始，我国大豆对外依存度呈快速上升趋势。②提示：若答需要，可从产业链完整和国家安全的角度思考回答。若答不需要，可从耕地资源紧张与主粮抢占耕地角度思考回答。

材料2：中国与M国大豆贸易战视频

活动：作为世界上两个最大经济体之一，中国还是传统的农业大国。简述M国的粮食安全性优于中国的原因。

答案：提示：可从科技、耕地面积、机械化水平、地广人稀等角度回答。

任务3：大国粮策。

材料1：1995年，M国孟山都公司开发出了世界上第一个商业化的转基因大豆（可以抵抗杀草剂——草甘膦），让M国和南美大豆产业进一步扩大。M国政府趁机对大豆种植进行大规模的补贴。2001年，中国加入世界贸易组织（WTO）后再次下调了大豆及相关产品的关税，将大豆进口关税降为3%。

材料2：2021年M国大豆种植面积5.2亿亩，单产229.4公斤/亩，人均耕地560亩。2021年中国大豆种植面积1.26亿亩，单产130公斤/亩，人均耕地3亩。

活动：①结合材料，简述M国大豆种植对中国保证粮食安全的启示。②粮食生产安全的资源基础——耕地保护措施，第一，确保耕地数量，实行耕地_____制度：严格控制_____占用耕地；实行耕地_____制度：执行非农建设经批准占用耕地要"占多少，补多少，补充数量和质量相当"；增加耕地_____：开发后备耕地资源，提高_____和_____，提升土地集约利用水平。第二，提高耕地质量：推进_____和_____。③提高单位面积产量：加大_____投入，如_____、_____、_____、_____等。

答案：①答案体系见图3-5-3。

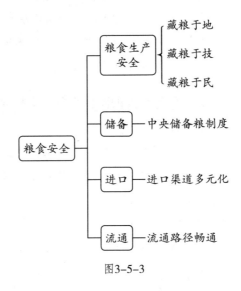

图3-5-3

②答案可参考湘教版地理选择性必修3《资源、环境与国家安全》第32～34页。（从上到下，从左到右）保护，各类非农建设，占补平衡，面积，土地整理，复垦指数，生态农业，绿色生产，科技，育种技术，栽培技术，化肥技术，水利技术。

任务4：中国的耕地特点。

阅读图表，分析中国耕地特点及对粮食安全的制约。

材料1：中国与M国农业生产特点（2021年），见表3-5-3。

表3-5-3

国家	总人口/亿人	农业人口	现有耕地/亿亩	后备耕地/亿亩	农业人口人均耕地/亩
中国	14.13	5.56亿	18	约8	3
M国	3.28	500万	28	约28	560

活动：根据表3-5-2，中国耕地具有_____，_____的特点。

答案：人均耕地少，后备耕地资源有限。

材料2：2015年我国耕地质量等级图，见湘教版地理选择性必修3《资源、环境与国家安全》第28页图2-5。我国耕地平均质量分布图，见湘教版地理选择性必修3《资源、环境与国家安全配套地理图册》第16页。

活动：据图说出我国耕地质量总体情况并分析其分布特点。

答案：质量总体欠佳，退化和污染问题严重。分布特点：耕地质量总体从东南向西北降低，与降水量的空间分布相似；耕地质量较高的农业种植区，也是经济最为发达，城市化、工业化等非农建设用地侵占优质高产耕地最为严重的地区；我国后备耕地资源主要分布在耕地质量低的区域（大多是水热条件不佳的盐碱地、红壤地、风沙地、干旱地、涝洼地等限制因素较高的耕地）。

材料3：我国水田、旱地空间分布图，见湘教版地理选择性必修3《资源、环境与国家安全》第29页图2-6；我国耕地及水资源占比见表3-5-4。

表3-5-4

项目	北方/%	南方/%	西北/%
灌溉耕地占比	51	39.3	9.7
水资源占比	14	81.5	4.5

活动：中国耕地资源特点。

答案：耕地空间分布不均，水土资源配置不佳。

【评价设计】

1. 水平标准（表3-5-5）

表3-5-5

评价指标	评价等级			
	水平1	水平2	水平3	水平4
区域认知	能够从耕地资源数量论证	能够从耕地资源的数量、质量论证	能够从耕地资源的数量、质量和空间分布论证	能结合耕地资源、水资源和气候资源综合论证
综合思维	能够说出扩大耕地数量和提高单产以提高粮食产量	能说出粮食跨区域调配和利用国际粮食市场以调节粮食供需空间不均衡	在提高粮食产量基础上，能对粮食供需的时空不均衡提出调整措施	能结合国情，从粮食安全概念出发，综合论证不同途径对粮食安全的益处和风险
人地协调观	从"立足国内"的粮食安全战略角度，理解耕地保护的重要性	从"立足国内"的粮食安全战略和人多地少的国情角度，理解耕地保护政策的重要性	结合耕地红线、占补平衡、藏粮于地等政策阐述耕地保护的内涵	以粮食安全战略和国情为基础理解耕地保护的内涵，并能因地制宜地提出我国不同区域耕地质量提升的主要措施

2. 练习与测评

例题 阅读材料，回答下列问题。

材料1：中南半岛所在国家耕地面积占国土面积比重图，见浙江省2022年6月普通高校地理选考试卷。

材料2：中南半岛主要稻米生产国2001—2020年稻米产量和单产年均变化统计图见图3-5-4。

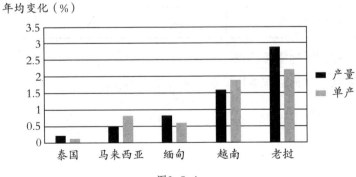

图3-5-4

1. 中南半岛所在国家耕地面积占国土面积比重最高的是_____，简述其主要自然原因。

2. 2001—2020年，图中国家稻米产量的变化趋势是_____，简析其原因。

3. 从耕地资源的角度，说明图中国家稻米生产对确保我国粮食安全的启示。

答案：1. 泰国，该国境内河网密集，平原面积大。

2. 增加；单产提高，播种面积增加。

3. 土地整理和生态修复，增加耕地面积和提高耕地质量；严格保护耕地，控制非农占用；加大技术投入，提升耕地综合生产能力。

案例六 "蔗"里最甜

浙江省台州中学 金君丽

【课标溯源】

1.（必修2）结合实例，说明工业、农业和服务业的区位因素。

2.（选必2）结合实例，从地理环境整体性和区域关联的角度，比较不同区域发展的异同，说明因地制宜对于区域发展的重要意义。

3.（选必2）以某地区为例，分析该地区产业结构变化过程及原因。

【教学内容】

1.以广西甘蔗产业为例，根据农作物的生长习性，结合当地区域特征，分析农业区位因素。

2.以广西为例，分析其自然地理环境的整体性。

3.以甘蔗产业的变迁为例，比较不同区域发展的差异，分析产业变迁的原因。

4.以甘蔗产业为例，说明农业可持续发展的策略。

【学习目标】

1.结合图表材料，描述区域自然地理特征，培养区域认知能力。

2.结合图表资料，明确农业区位因素及变化，培养综合分析能力。

3.运用甘蔗产业的变迁，提出区域产业的可持续发展策略，培养人地协调观。

【教学重点】

农业区位因素分析和农业可持续发展策略。

【教学难点】

农业动态区位因素和区域比较的分析。

【**教学设计构想**】

教学设计构想见图3-6-1。

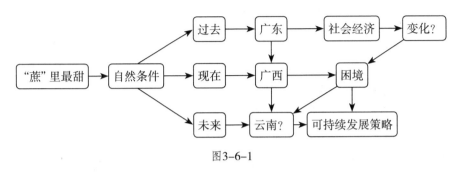

图3-6-1

【**教学任务**】

教学任务见表3-6-1。

表3-6-1

任务	活动内容	设计意图	素养水平要求
任务1："蔗"里最甜	第一猜：中国最甜的省区在哪里？请说明理由。 广西是如何成为中国的第一产糖省区的？描述广西自然地理特征并分析广西适宜甘蔗种植的有利自然条件	结合甘蔗生长习性和广西自然地理特征，分析农业生产的自然条件，培养区域认知能力和信息获取能力	区域认知水平2 综合思维水平2 人地协调观水平2
任务2：最甜之由	第二猜：20世纪七八十年代，中国最甜的省区是哪里？说明理由。 结合材料分析广东甘蔗产业衰落的原因	通过信息解读，分析农业生产的社会经济因素，掌握农业区位因素的动态变化，培养综合分析问题的能力	区域认知水平2 综合思维水平3
任务3：甜之隐忧	第三猜：再过二十年，中国最甜的省区可能是哪里？ 如果糖业中心迁移，最可能迁入哪个省份？与B国相比，广西甘蔗产业面临哪些困境？为确保糖业中心的地位，广西应采取哪些措施？	根据区域发展的现状和条件，比较区域的差异，从区域角度分析农业区位条件以及发展中面临的困境，培养区域认知、综合思维的能力	区域认知水平2 综合思维水平3
任务4：甜之出路	结合材料，合作探究：如何提升广西糖业的国际竞争力，以实现广西糖业的可持续发展？	通过区域发展途径探究，因地制宜地提出区域产业可持续发展的措施，培养人地协调观的能力	综合思维水平4 人地协调观水平3

【教学活动示例及说明】

任务1："蔗"里最甜。

第一猜：中国最甜的省区是哪里？请说明理由。

材料1：甘蔗为喜温、喜光作物，年积温需5500～8500℃（热带：积温>8000℃，亚热带：积温4500～8000℃），无霜期330天以上，年降水量要求800～1200mm，日照时数在1195小时以上。

材料2：蔗糖是一种重要的国家战略物资，关系着国计民生，2010年中央首次将糖与粮、棉、油一起，视为国家大宗农产品。我国是世界第三大甘蔗生产国和产糖国，但食糖产量尚不能满足国内需求，我国的食糖中约21%为进口糖，75%为国内产的甘蔗糖，4%为甜菜糖。广西甘蔗种植面积占全国60%以上，产糖量占全国60%以上。

材料3：广西地形以山地、丘陵为主，西北高，南部低，平原主要分布在南部和中部，喀斯特地貌显著。

材料4：2014—2020年广西甘蔗播种面积及产量情况，如图3-6-2、图3-6-3所示。

图3-6-2

图3-6-3

材料5：广西南宁气候资料图（图3-6-4）。

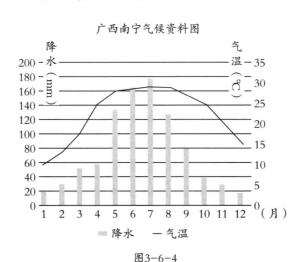

图3-6-4

活动：①分析广西适宜甘蔗种植的有利自然条件。②简述广西甘蔗种植的优势气候条件。③指出西部山区发展甘蔗种植业的主要限制性因素并说明原因。

答案：①纬度低，气温高，光热充足；季风气候，雨热同期，利于甘蔗生长；平原地区地形平坦，土壤肥沃，灌溉便利。②纬度较低，热量充足；夏季降水丰富，雨热同期，利于甘蔗生长；秋季降水较少，多晴天，日照时数长，昼夜温差大，利于甘蔗糖分积累。③多喀斯特地貌，地表崎岖，地表水缺乏，土层薄。

任务2： 最甜之由。

第二猜：20世纪七八十年代，中国最甜的省区是哪里？说明理由。

材料：20世纪七八十年代，广东为我国第一产糖大省。随着改革开放的推进，广东工业化进程加快，经济发展水平提高，国家适时调整甘蔗糖业的区域布局结构。20世纪90年代初，中国糖业中心再次西移——从1993年至今，广西的甘蔗种植面积和产糖量始终稳居全国第一。

活动：①试分析广东甘蔗产业衰落的主要原因。②分析珠江三角洲甘蔗制糖厂数量和蔗糖产量都减少的原因。

答案：①珠江三角洲工业化、城市化进程快，耕地减少，地价上升，劳动力价格上涨，农业劳动力数量减少；农业结构调整，用于种植蔬菜、花卉的耕地增加，甘蔗种植比重下降；国家政策调整；等等。②甘蔗制糖厂属于原料指向型工业，随着甘蔗主产区西移，珠三角制糖所需原料数量减少；目前的甘蔗主产区离珠三角较远，原料运输成本增大；随着工业化、城市化进程加快，地价和劳动力成本提高；产业结构调整升级（政策影响），该地区主要发展高新技术产业；等等。

任务3：甜之隐忧。

第三猜：再过二十年，中国最甜的省区可能是哪里？请说明理由。

材料1：20世纪80年代中期以来，广西甘蔗种植业迅速发展，甘蔗及蔗糖产量已占全国的50%以上。广西、云南成为我国甘蔗主产区，但以散户种植为主。近年来我国经济开放程度提高，经济迅速发展，但我国甘蔗产业却持续处于低迷困境，产业大而不强，生产成本居高不下，国际竞争力弱。自2011年起，受国际糖价大跌影响，国内糖价跌破成本价。糖企大面积亏损，蔗农减收，曾经的"甜蜜产业"遇寒冬。

材料2：2014—2020年广西甘蔗种植面积统计变化图（图3-6-5）。

图3-6-5

材料3：2014—2020年广西甘蔗产量统计变化图（图3-6-6）。

图3-6-6

材料4：2014—2020年广西甘蔗进口数量及进口金额统计变化图（图 3-6-7）。

图3-6-7

材料5：2013—2014年榨季广西与B国制糖业数据比较见表3-6-2。

表3-6-2

	蔗糖生产成本（元/吨）	甘蔗收购价格（元/吨）
B国	2900	250
广西	6000	440

材料6：中国和B国种植甘蔗成本构成图（图3-6-8）。

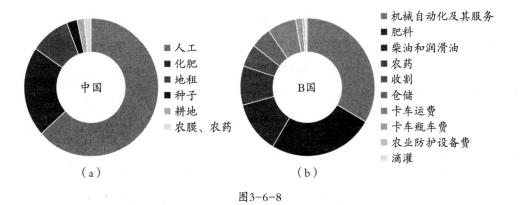

图3-6-8

活动：①分析近年来广西甘蔗产业低迷，国际竞争力弱的原因。②与B国相比，广西甘蔗产业面临哪些困境？为确保糖业中心的地位，广西应采取哪些措施？

答案：①劳动力、土地价格上涨，生产成本高；散户为主，规模化、机械化程度低，生产效率低；国内产能过剩，竞争激烈；产品以初级制品为主，结构单一，附加值低，经济效益低；产品类型单一，随着人们生活品质的提高，糖类等初级产品需求量降低；进口产品有价格优势，国内甘蔗产业受国际市场冲击。②农业机械化水平低，劳动力成本、地租在产品成本中所占比重较高，生产成本高。在与B国甘蔗成本对比中，从减少投入增加产出得出结论：加大科技投入，培育良种；改进种植技术，提高单产；加强农田水利建设；提高机械化水平；延长产业链，提高附加值；等等。

说明：主要是通过此题过渡到甜之出路。

任务4：甜之出路。

材料1：图3-6-9为广西某地生态园的生产体系示意图。

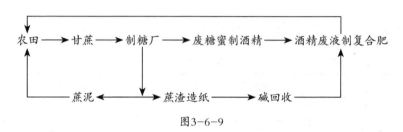

图3-6-9

材料2：目前国际甘蔗成熟产业链条可以延伸出糖产品、环保产品、生物材料、生物肥、发电、饲料等6个产业。产品结构在糖类产品、蔗渣、滤泥、糖蜜等初级产品的基础上制作出纸类、酒精、酵母、味精、柠檬酸、蔗蜡、蔗糖醋、食用色素等产品，再在这些产品的基础上进行三次加工，制造医药制品、高级调味品、食品添加剂等，这使得产业链有了进一步的延伸空间，让甘蔗产业展现出更多的可能性。

活动：如何提升广西糖业的国际竞争力，以实现广西糖业的可持续发展？

答案：①改善农业生产条件，如加大科技投入，培育良种；改进种植技术，提高单产；加强农田水利建设；提高机械化水平；等等。②加强农业生态环境建设，保持水土、提高土壤肥力；等等。③实现农业综合开发、农产品深加工、延长产业链、增加产品附加值等。④加强农业生产专业化、地区专门化，如加快土地流转，扩大种植规模，建设"双高"基地；等等。⑤开展清洁生产，实行循环经济；等等。⑥其他：依据市场需求及变化，及时调整产品结构，使产品类型多元化；加大政策扶持力度，如给予政策补贴或减少进口配额，保障国内生产商收益；发展休闲观光农业，增加农民收入，提高农民种植积极性。

任务5：甜之现状。

材料：广西崇左有"中国甜都"之称，蔗糖年产量超过500万吨，蔗糖产业成为当地支柱产业之一。如今，崇左积极拓展循环经济，形成了多条循环经济产业链，同时吸引了众多相关企业在此集聚，大大提升了我国糖业的国际竞争力。

活动：广西崇左甘蔗种植集聚度较好，有人建议崇左扩大甘蔗的种植面积。你是否赞同？请表明态度并说明理由。

答案：①赞同。理由：该地种植甘蔗的历史悠久，经验丰富，当地政府给予政策支持；可以带动相关产业发展，解决劳动力就业难题；增加农民收入，促进区域经济发展。②不赞同。理由：该地产业基础较弱，机械化水平低，劳动力成本高，破坏生态环境。

【评价设计】

1. 水平标准（表3-6-3）

表3-6-3

评价指标	评价等级			
	水平1	水平2	水平3	水平4
综合思维	能简单说出区域的自然地理要素特征，结合甘蔗的生长习性简要分析农业的区位因素	对甘蔗生产从自然和社会经济角度加以分析。对社会经济条件的变化对甘蔗产业产生的影响给出简要的地域性解释	能够结合不同区域发展的特点，综合各地理要素，说明农业区位因素的动态变化，对产业的变迁做出合理的地域性解释	能够运用要素综合、时空综合、地方综合的分析思路，对区域发展，如产业困境、变迁及可持续发展进行系统性、地域性解释
区域认知	能够根据材料认识和归纳区域特征，理解农业区位的区域差异	能够收集整理区域的重要信息，从区域的视角分析比较农业生产的区域差异及区域变迁	能够结合给定的案例，从空间—区域尺度分析区域特征，对不同区域的甘蔗产业区位及其变化进行评价	能够全面地评价广西甘蔗产业的发展状况，通过与B国的优劣对比，分析面临的困境，提出产业的可持续发展策略

（续表）

评价指标	评价等级			
	水平1	水平2	水平3	水平4
地理实践力	能够获取和处理简单信息，有对中国"最甜省"等地理问题的探索兴趣	能够获取和处理信息并与他人合作，掌握分析区域自然地理特征和农业区位的一般方法	能够获取和处理复杂信息，通过对给定区域特征的分析，表达地理观点并提出解决问题的措施	能够主动发现和探索问题，通过对农业区位变化和农业产业变迁的分析，辩证地、全面地看待地理问题，并提出可行的、有创造性的策略
人地协调观	能够认知到产业活动的地域性特征，简单说明人类活动与环境之间的联系	能够阐述人类活动对区域地理环境产生的影响，理解人地协调发展的重要性	通过分析给定区域农业活动与人类活动的关系，认识地理环境与人类活动相互影响的关系	能够分析和理解不同区域地理环境的变化对产业的影响，分析人地关系中存在的问题并提出可行措施

2. 练习与测评

例1 厦门中学生助手地理研究性学习小组发现，自20世纪90年代以来，广东甘蔗种植面积减少，广西、云南跃居为国内第一、二大甘蔗产区，并集中了全国90%以上的甘蔗制糖企业。近年来，随着农业技术的发展，甘蔗在华北平原种植成功，改变了"蔗不过江（长江）"的传统格局。据此回答下列各题。

1. 20世纪90年代以来，广东甘蔗种植面积减少的主要原因是（　　）。

　　A. 土地成本上升　　　　　B. 气候条件恶化

　　C. 市场规模缩小　　　　　D. 劳动力成本升高

2. 与广东相比，20世纪90年代广西、云南甘蔗制糖企业发展迅速的主要原因是（　　）。

　　A. 治污成本较低　　　　　B. 市场需求量较多

　　C. 运输成本较低　　　　　D. 劳动力数量较多

3. 华北平原种植成功的甘蔗品种所具备的生长习性最可能是（　　）。

　　A. 晚熟　　　　B. 耐寒　　　　C. 耐阴　　　　D. 喜旱

答案：1.A；2.D；3.B。

例2 阅读材料，回答下列问题。

甘蔗为喜温、喜光作物，≥10℃活动积温需6500℃以上，无霜期330天以上，是我国重要的糖料作物。制糖业在我国经历了两次转移，20世纪五六十年代，制糖业逐渐由台湾转移到广东；20世纪90年代，制糖业再次转移，由广东转移到广西。广西崇左市位于广西西南部，临近越南，与南宁、防城港、越南河内等地均有铁路连通。崇左市素有"中国甜都"之称，蔗糖年产量超过500万吨，蔗糖产业成为当地支柱产业之一。如今，崇左积极拓展循环经济，各制糖企业在制糖过程中综合利用蔗渣、废蜜（含酒精原料）、滤泥（含矿物质、有机质）等副产品，形成了多条循环经济产业链，吸引了众多相关企业在此集聚，大大提升了我国糖业的国际竞争力。甘蔗的收割主要靠手砍、肩扛。近年来，受农村青壮劳动力外出的影响，甘蔗收割和制糖开始大量使用越南劳动力。

1. 简述台湾、广东和广西种植甘蔗共同的气候条件。

2. 分析制糖业在20世纪90年代初由广东迁出的原因。

3. 每年到甘蔗收获季，崇左会引进几万名越南劳工从事甘蔗收割、加工作业。试分析原因。

4. 列举崇左市成为"中国糖都"的优势区位条件。

5. 请推测众多制糖相关企业集聚于崇左的原因。

6. 指出制糖企业为了充分利用制糖过程中产生的副产品，可以采取哪些措施？

7. 说明崇左市在甘蔗产业发展中协调经济社会和生态效益的方法。

答案：1. 位于回归线附近，纬度低，热量条件好；季风气候，降水充沛，雨热同期。

2. 随着改革开放的推进，广东经济发展迅速，劳动力和土地价格上升，制糖业利润变小；产业结构调整。

3. 收获甘蔗主要靠人力完成，劳动力需求量大；广西临近珠三角经济发达地区，大量劳动力外出务工，本地劳动力短缺；越南劳动力充足且成本较低；崇左与越南相邻，交通费用低，用工更方便；广西的经济水平比越南高，吸引力强。

4. 靠近甘蔗种植区，原料丰富；有铁路穿过，靠近港口，交通便利；与越南接壤，有利于雇佣廉价劳动力。

5. 集聚便于获取充足的原材料，降低原材料运输费用（相关服务企业便于获得更多订单）；便于企业间的技术交流与信息沟通；便于企业共用基础设施，降低建设成本。

6. 蔗渣造纸和燃烧发电、废蜜生产酒精、滤泥生产有机肥、蔗叶作为养殖业饲料或沼气原料等。

7. 经济：延长产业链、增加附加值等；社会：发展相关产业，增加就业，增加居民收入；生态：注意环境保护、减少污染物排放等。

案例七　天堂向左，贵屿向右

——污染物跨境转移与环境安全

浙江省温岭中学　梁倩倩

【课标溯源】

（选必3）结合实例，说明污染物跨境转移对环境安全的影响。

【教学内容】

1. 明确污染物跨境转移的基本形式。

2. 结合实例，说明跨境污染的危害及对环境安全的影响。

3. 结合案例，探讨国际合作应对污染物的跨境转移。

【学习目标】

1. 运用原理示意图与区域图，说明污染物跨境转移的基本形式，正确认识其对环境安全乃至国家安全的威胁，培养综合思维和区域认知能力。

2. 运用实例和资料，从全球视角关注国际合作中的区域差异，正确认识不同国家应对措施与其区域发展背景之间的关系，探究人地协调发展的正确做法，树立人地协调观。

3. 通过新闻媒体、实地调查等，描述污染物跨境转移的现象，形成独立思考、处理地理信息的基本能力，落实地理实践力。

【教学重点】

污染物跨境转移的含义、基本形式及其对我国环境安全的影响；我国对污染物跨境转移的应对措施；国际合作对污染物跨境转移的影响。

【教学难点】

污染物跨境转移的危害，我国对污染物跨境转移的应对措施，国际合作对污染物跨境转移的影响。

【教学设计构想】

教学设计构想见图3-7-1。

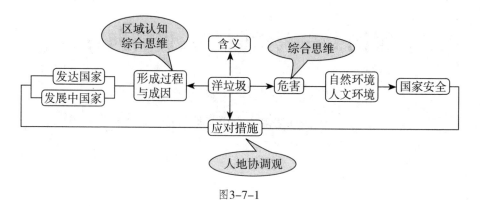

图3-7-1

【教学任务】

表3-7-1

任务	活动	设计意图	素养水平要求
任务1: 探究A国之"火"	问题思考: 结合生活经验及视频《这座A国最大垃圾山, 已经烧了3个月》, 思考什么是"洋垃圾"? A国民众对中国之"火"合理吗? 中国颁布禁令的原因	通过对视频的信息解读、提取和加工, 培养学生对地理事象的简单判读和分析能力	地理实践力水平1 综合思维水平2
任务2: 中国之"宝"	了解世界主要的电子垃圾出口国和进口国。根据材料分析"洋垃圾"成为中国之"宝"的原因	通过对区域图的判读, 培养学生的区域认知能力。通过材料分析、讨论和归纳, 培养学生的合作意识和综合思维能力	区域认知水平1 综合思维水平3
任务3: 贵屿之"毒"	从地理位置角度, 分析贵屿镇成为电子垃圾拆解第一镇的原因, 并尝试用框架图表示贵屿之"毒"产生的过程	通过对区域定位和区域特征分析, 培养学生的区域认知能力和综合思维能力。通过对图文材料的分析与归纳, 培养学生的综合思维能力和地理实践力	区域认知水平2 综合思维水平3 地理实践力水平2
任务4: 贵屿之"幸"	从循环经济产业发展和国家合作的角度, 分析贵屿之"幸"	通过材料归纳总结治理措施, 培养学生的人地协调观。通过"洋垃圾"依旧屡禁不止的新	综合思维水平3 人地协调观水平3

（续表）

任务	活动	设计意图	素养水平要求
任务4：贵屿之"幸"		闻，引导学生从更高层面认识和分析地理事象的综合观	
任务5：A国又"火"	问题探究：分析A国因雾霾、沙尘指责中国，他们这次"火"是否有理？针对污染物跨境转移，应如何加强国际合作？	首尾呼应，本活动主要在课外完成合作探究，通过上网查阅资料并形成文本，以培养学生的地理实践力和综合思维能力	综合思维水平3 地理实践力水平3

【教学活动示例及说明】

任务1：探究A国之"火"。

活动：播放视频《这座A国最大垃圾山，已经烧了3个月》，结合生活经验及视频思考：①什么是"洋垃圾"？②A国民众对中国之"火"合理吗？③中国颁布禁令的原因。

答案：①洋垃圾：进口垃圾，是指一些不是本国产生的废弃的工业用品、日用品等，也称为"进口固体废弃物"。②略。③略。

任务2：中国之"宝"。

材料1：全球电子垃圾跨境转移主要路径示意图（见湘教版高中地理选择性必修3第102页）。

材料2：发达国家在环境污染规则的制定标准和排污费征收标准上要高于发展中国家，这会推动发达国家污染产业生产和废弃物排放成本的上升。发展中国家环保监管力度不够，经济学上的直接体现就是企业排污或垃圾处理成本低。

材料3：中国从20年前开始进口固体废料，这也正是中国制造业和基建开始高速发展的时期。作为报价高、不挑剔的"最优买家"，作为接受方的中国通过多次挑拣分类，形成了一条条处于全球价值链底端且自成体系的产业链条。除却原材料需求，电子垃圾是被放错了地方的宝藏，其中不仅有许多贵金属，拆解加工后还可以获取大量可使用的、因质量上乘而广受欢迎的二手元器件。

活动：①读图说出世界主要的电子垃圾出口国和进口国。②根据材料分析"洋垃圾"成为中国之"宝"的原因。

答案：①电子垃圾的主要出口国有美国、加拿大及西欧发达国家。主要的进口国有中国、印度、埃及等发展中国家。②提示：从发达国家和发展中国家两个角度作答。

任务3：贵屿之"毒"。

材料1：贵屿镇位置图。

材料2：为了获取可以再利用的金属和元器件并从中获利，这个粤东小镇贵屿，有数万人从事着焚烧废电器和塑料的回收和分解工作，他们徒手拆解、用硫酸水冲洗电路板，并焚烧、填埋那些无法再回收的垃圾，从20世纪90年代初开始，贵屿人用1200年前的工艺来处理21世纪的垃圾，这样的电子垃圾处理工艺让贵屿饱受污染之苦。当地6岁以下儿童铅中毒病症高达81.8%，无人敢食用当地的水和稻米。

材料3：贵屿镇部分景观图（如图3-7-2）。

（a） （b）

图3-7-2

活动：①描述贵屿镇的位置特征。②从地理位置角度，分析贵屿镇成为电子垃圾拆解第一镇的原因。③完善框架图，梳理贵屿之"毒"（图3-7-3）。

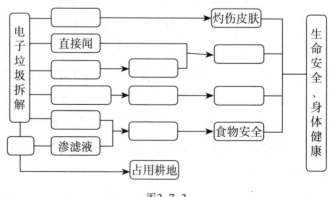

图3-7-3

答案：①略。②略。③见图3-7-4。

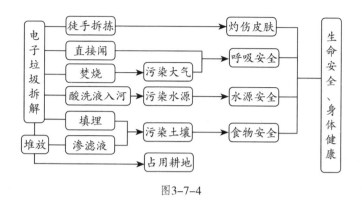

图3-7-4

任务4：贵屿之"幸"。

材料1：2012年开始，贵屿镇全面打击取缔"洗金"等重污染行为，对拆解作坊进行原地过渡性整改。2016年开始，贵屿镇的电子拆解业进入园区时代。园区内建有废旧家电整机拆解厂、废塑料清洗中心、综合管理大楼、拆解作业区、塑料造粒加工区、废弃机电产品集中交易装卸场、工业污水处理厂、危险废物转运站等区域。2017年7月中国正式禁止洋垃圾入境，汕头海关严格执法——进口废物100%过磅，100%开箱。

材料2：贵屿镇循环经济产业园景观图（图3-7-5）。

（a）　　　　　　　　　　　　　　（b）

图3-7-5

材料3：广东省内海关启动为期一年的禁止洋垃圾入境"蓝天2020"专项行动，重点打击倒卖固体废物进口许可证、货运渠道伪报瞒报、夹藏走私、非设关地偷运等违规违法行为，将洋垃圾坚决拒于国门之外。

活动：①根据材料1和材料2说出贵屿之"幸"。②根据材料3并结合教材，从国家合作的角度，谈谈贵屿之"幸"。

任务5：A国又"火"。

材料：2021年3月31日，《环球时报》报道，A国各地29日至30日再次出现雾霾、沙尘天气，不少地区紧急采取了微颗粒物减排措施。A国媒体纷纷指责我国。

活动：①A国这次"火"得有理吗？如果有理，理在哪里？②找到类似的污染物跨境转移案例。③针对此类污染物跨境转移，应如何加强国际合作？

【评价设计】

1. 水平标准

水平标准见表3-7-2。

表3-7-2

评价指标	评价等级		
	水平1	水平2	水平3和4
区域认知	能够从图中指出污染物跨境转移的转入国和转出国。能够描述贵屿镇的海陆位置特征	能够描述不同污染物跨境转移的主要方向。能够从海陆位置、纬度位置、相对位置等角度描述贵屿的位置特征	能够从转入国和转出国的角度分析污染物跨境转移的原因。能够从位置特征分析贵屿成为电子垃圾拆解第一镇的原因
综合思维	能够根据材料，简单说出防止污染物跨境转移的应对措施	能够根据材料，从转入国和转出国的角度提出防止污染物跨境转移的应对措施	能够根据具体的污染物跨境转移事件，分析归纳深层次的原因，并能提出应对的措施
地理实践力	在调查实践中能与同学合作，利用互联网等工具获取A国又"火"事件等资料	在调查实践中，能够独立利用互联网等地理工具，搜索A国又"火"事件及分析其背后的原因	在调查实践中，能够熟练利用互联网等工具，探究A国又"火"背后的原因并提出解决问题的措施
人地协调观	能够根据材料，简单地分析污染物跨境转移对转入国的影响	能够根据材料，分析污染物跨境转移对转入国自然环境和人文环境的影响，理解人地协调发展的重要性	能够结合具体案例，分析污染物跨境转移对转入国环境和国家安全的影响，理解地理环境与人类活动之间相互影响的关系

2. 练习与测评

例题 阅读材料，回答下列问题。

污染物跨境转移是指一个国家或地区向境外输出污染物的行为。污染物的跨境转移主要有自然和人为两种途径。根据欧洲降水pH值分布图、日本核电站分布图、全球电子垃圾跨境转移主要路径图，回答下面问题。（图略）

1. 欧洲降水pH值分布图中A国以清洁能源消费为主，却是该洲重酸雨区，从自然角度分析原因。

2. 2021年4月，日本宣布欲于2年后将福岛核电站核污水排入海洋，引起舆论哗然。请说出该国核电站分布的特点。

3. 请列举发展核能的利与弊各一条。

4. 从环境、经济角度分析电子垃圾跨境转移对转入国产生的不利影响。

答案：1. 其他国家排放的酸性气体随盛行西风扩散至A国上空，遇水汽形成酸雨。

2. 分布特点：沿海分布，靠近工业区。

3. 利：发电成本低，污染小。弊：技术要求高，核废料处理难度大。

4. 加剧环境污染，增加污染物处理成本。

案例八 双 "江" 记

——资源跨区域调配对区域发展的影响

浙江省三门中学　罗杰

【课标溯源】

（选必2）以某区域为例，说明产业转移和资源跨区域调配对区域发展的影响。

【教学内容】

1. 资源跨区域调配的原因和过程。

2. 资源跨区域调配对区域发展的影响。需分别分析资源跨区域调配对调出区、调入区和沿线地区的影响，包括对区域经济、社会发展、生态环境等方面的影响。

【学习目标】

1. 以中国重大资源跨区域调配工程为例，能够运用跨区域调配线路图、文字材料和数据材料，从经济、社会、生态等多角度探究资源跨区域调配对调出区、沿线地区及调出区的影响，并从分析过程中归纳分析方法，提升综合思维。

2. 对于特定的资源跨区域调配工程，能够通过搜集资料、独立思考、交流合作等方式，运用资源跨区域调配对地理环境影响的分析方法，解释调配原因、线路选择并评价带来的影响。

3. 根据所学知识和原理，了解资源跨区域调配工程对生态环境造成的不利影响及解决措施，能够关注工程线路的选择和施工，增强环保意识，树立人地协调观。

【教学重点】

资源跨区域调配对调入区、调出区和沿线地区的影响。

【教学难点】

资源跨区域调配对地理环境影响的一般分析角度和分析方法。

【教学设计构想】

教学设计构想见图3-8-1。

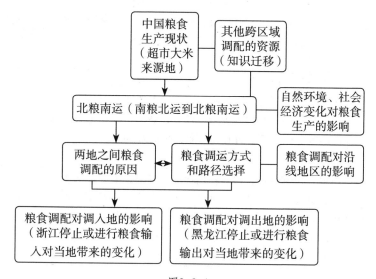

图3-8-1

【教学情境】

作为"鱼米之乡"的浙江，在超市的粮油产品中，却基本找不到来自本地的大米。而能够找到的袋装大米，从产地上去辨认，大多数来自东北地区。为什么超市买不到本地的大米？是产量低还是其他原因？如果是产量低，为什么本地逐渐不种大米了？为什么能买到的大米是来自东北而不是其他地区？

【教学任务】

表3-8-1

任务	活动内容	设计意图	素养水平要求
任务1：本地市场上大米多来自黑龙江的原因	了解浙江本地市场大米的主要来源及中国各省级行政区的粮食自给情况，认识地区之间粮食（资源）供需不平衡	通过探寻浙江大量输入黑龙江大米的原因，理解两地间进行资源调配的原因	区域认知水平2 综合思维水平2

（续表）

任务	活动内容	设计意图	素养水平要求
任务2：浙江粮食产量减少和黑龙江粮食产量增加的原因	了解浙江和黑龙江粮食产量的不同，认识到自然和社会经济的变化对粮食生产能够产生巨大的影响	从浙江和黑龙江两地自然和社会经济的变化对粮食产量的影响理解影响粮食生产的自然和社会经济因素	区域认知水平2 综合思维水平2
任务3：如何将粮食运往南方	根据对粮食特征的讨论确定适合的运输方式，并通过粮食的南北运输了解物流对经济的带动作用	认识不同交通运输方式的特点。理解资源调配对沿线地区的影响	综合思维水平3 地理实践力水平3
任务4：没有粮食输入的浙江会变成怎样	小组合作讨论：若粮食输入停止，将会对浙江带来种种变化。理解粮食的输入带给浙江的影响利大于弊，并讨论如何消除负面影响	从资源调配的反面去理解资源调配对调入地的必要性，并思考如何减少负面影响	综合思维水平4 人地协调观水平4
任务5：没有粮食输出的黑龙江会变成怎样	小组合作讨论：若粮食输出停止，将会对黑龙江带来种种变化。理解粮食的输入带给黑龙江的影响也是利大于弊，并讨论如何消除负面影响	从资源调配的反面去理解资源调配对调出地的必要性，并思考如何减少负面影响	综合思维水平4 人地协调观水平4

【教学活动示例及说明】

任务1：本地市场上大米多来自黑龙江的原因。

材料1（情境导入）：昨天，我在超市拍下了超市大米货架的一部分（3-8-2）。其中大米两个种类来自五常市（黑龙江省），一种来自淮南市（安徽省），另一种自德惠市（吉林省）。除了少量进口大米以外，大多数都来自东北，其中来自黑龙江省的最多，基本上没有浙江省本地出产的大米。

图3-8-2

材料2：中国各省、自治区、直辖市粮食自给率（2021年）情况如图3-8-3所示。粮食自给率＝［粮食总产量/（人均粮食消费量×人口数量）］×100%

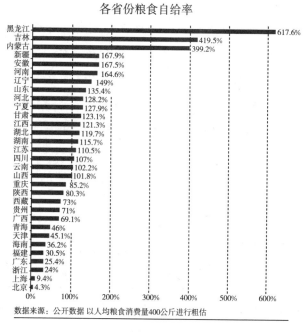

各省份粮食自给率

数据来源：公开数据 以人均粮食消费量400公斤进行粗估

图3-8-3

活动：为什么市场上少见本地大米？为什么来自黑龙江的大米最多？

答案：浙江大米产量低，人口多，对粮食的需求量大。黑龙江大米产量高，人口少，对粮食的需求量小。

任务2：农业区位因素及其变化对粮食生产的影响。

材料1：浙江和黑龙江的面积及粮食、人口情况见表3-8-2。

表3-8-2

项目	浙江（10.55万平方千米）	黑龙江（47.3万平方千米）
粮食产量（万吨）	621	7867.7
人口数量（万）	6456	3831
粮食亩产量（千克）	406.5	360.5

材料2：浙江属于江南地区，是物产丰富的"鱼米之乡"。自唐代以后，大量漕粮沿京杭大运河不断运往北方，形成了"南粮北运"的局面，这说明当时南方粮食大有盈余，而北方粮食相对匮乏。但现在，"北粮南运"成为我国区

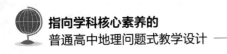

域间粮食调配的一种常态。

活动：①相比黑龙江，分析浙江粮食产量较低的原因。②与浙江相比，黑龙江在粮食生产上具有什么优势？

答案：①浙江经济快速发展，部分耕地转为建设用地；浙江城市人口增加，对农副产品的需求增加，有部分耕地由粮食生产转为附加值更高的农副产品生产；退耕还林造成耕地面积减少；等等。②地势平坦，多平原；土壤肥沃；地价低；地广人稀，人均耕地面积大，适宜开展机械化种植；污染少，冬季低温，病虫害少，农作物品质高；科技发展，培育出适应寒冷环境的作物品种。

任务3：粮食的主要运输方式和交通运输对沿线地区的影响。

材料："北粮南运"的路线见表3-8-3。

表3-8-3

路线1	黑龙江—吉林—辽宁—山东—江苏—浙江
路线2	黑龙江—吉林—辽宁—（海路）—浙江

活动：①黑龙江的粮食运到浙江会选择哪条路线，为什么？②粮食的运输会给沿线地区带来哪些影响？

答案：①海运，原因：粮食重量大、单价低、不易腐烂变质，适合水运；从中国北方到南方，路途遥远，采用水运能够降低运输成本。②有利：带动（运输、物流等）相关产业发展，吸纳人口就业；带动沿线基础设施建设。不利：可能会增大沿线地区的运输压力。

任务4：粮食调配对输入地的影响。

大量的粮食调运难免会面临一个问题，万一运输中断将会产生巨大的影响。如遇交通受阻，粮食运输就面临中断的威胁。

活动：北粮南运对浙江的影响。按意愿分组进行角色扮演：城市居民组、农民组、粮食输入相关产业从业人员组。思考：粮食输入停止后，自己角色的生活会发生什么变化？如果是负面的结果，你会做出什么决定？

问题探究：①粮食输入停止，会对浙江产生什么影响？②面对大量外地粮食调入，浙江种粮人会如何选择？这会带来什么结果？③如何降低这种风险？

答案：①粮食价格上涨，生活水平降低；为提高粮食产量扩大耕地开垦，会引发水土流失、生物多样性减少、森林破坏等生态问题；从事农业的劳动力增多，从事非农产业的劳动力减少；造成与粮食加工、运输相关的行业衰退，从事该产业的人员失业、收入减少等。②减少粮食生产，转而生产附加值更高的农副产品。导致该地对粮食输入依赖程度增加，粮食风险增大。③增加技术投入，提高粮食单产；提高农业专业化水平，提高机械化水平，降低农业生产成本；提高粮食品质，与输入粮食展开错位竞争。

任务5：粮食调配对输出地的影响。

活动："北粮南运"对黑龙江的影响。①粮食输出停止后，对黑龙江各个产业会产生什么影响？②若过度依赖粮食输出，则会对黑龙江产生哪些负面影响？③如何降低这种风险？

答案：①农业：大量耕地会撂荒，农民收入减少；造成与粮食加工、运输相关的行业衰退，从事该产业的人员失业、收入减少。②为提高产量而大量使用农药、化肥，会导致耕地退化，引发环境污染问题，并进一步降低粮食质量，降低黑龙江粮食的市场竞争力；对粮食输出的依赖性增强，受粮食市场价格波动的影响大；农作物品种单一，抗病虫害能力弱；产业链短，产品加工程度低，附加值低，利润低。③发展绿色农业、有机农业，减少农药、化肥的使用，保护耕地资源；开展农业多样化经营，提高抗风险、抗灾能力；延长产业链，提高农作物附加值。

拓展探究：本节课学习了粮食的跨区域调配，可以看出，当某种资源具有了需求量大、区域间分布极不均衡等特征，那么该类资源就可能会产生大规模的跨区域调配。我国的水资源和能源亦如此，因此诞生了南水北调、西气东输、西电东送、北煤南运等一系列工程。

请思考：调配对象变为水资源、天然气、电力、煤炭，调配工程对调出地、调入地及沿途地区的影响有哪些相同和不同之处？除粮食外，浙江和黑龙江这两"江"还可以在哪些方面展开合作？

【评价设计】

1. 水平标准

水平标准见表3-8-4。

表3-8-4

评价指标	评价等级		
	水平1	水平2	水平3、4
区域认知	能够读图并指出浙江和黑龙江分属的南方和北方地区，分析南北地区的特征差异	根据图示，能够分析浙江和黑龙江的自然条件和社会经济条件的区域差异	能够分析浙江和黑龙江的自然和社会经济条件差异，并据此分析粮食跨区域调配的原因
综合思维	能够分析粮食跨区域调配工程对调出区、调入区和沿线地区的影响	能够分析粮食跨区域调配工程对调出区、调入区和沿线地区的影响，并阐明原因	能够从时空角度动态分析粮食（其他资源）跨区域调配工程对调出区、调入区和沿线地区的影响及其原因，并提出合理的解决措施
人地协调观	了解粮食跨区域调配工程可能会对地理环境产生的不利影响	能够分析粮食跨区域调配工程可能会对地理环境产生不利影响的原因	能够分析资源跨区域调配对自然地理环境产生的不利影响并寻求对策，辩证地看待资源调配工程对环境和区域发展的影响
地理实践力	能够选择并分析"北粮南运"合理的交通方式	能为黑龙江到浙江的粮食调配工程设计水陆联运路线，并说出理由	能够对不同资源的跨区域调配的线路和交通运输类型进行选择并分析其原因

2. 练习与测评

例1 阅读材料，回答下列问题。

材料：M国位于北美洲，该国西海岸某州盛产蔬菜和水果，该州通过"北水南调"工程和"水银行"（调剂州内水资源余缺的管理机构）运作，较好地解决了州内水资源供需矛盾。表3-8-5为该州"水银行"交易统计表。回答下列问题。

表3-8-5

年份	"水银行"买入		"水银行"卖出	
	价格（美元/平方米）	水量（亿/立方米）	价格（美元/平方米）	水量（亿/立方米）
1991	0.10	10.12	0.14	8.15
1992	0.04	2.34	0.06	1.97
1993	—		—	
1994	0.04	2.72	0.06	2.09

1. 该州实施"北水南调"的地理背景是（　　　）。

①自北向南地势逐渐升高　　　②北部地区湿润多雨

③农业用地多集中在中部和南部　④中部和南部聚落较密集

　A. ①②③　　　　B. ②③④　　　C. ①②④　　　D. ①③④

2. 1993年该州"水银行"没有运作，是因为当年中南部地区（　　　）。

　A. 节水技术改进，用水效率提高

　B. 产业结构调整，用水量减少

　C. 水价过高，需水方难以承受

　D. 降水量增加，水资源充足

答案：1.D；2.B。

例2　阅读材料，回答下列问题。

河北省张家口市张北县地处华北平原与内蒙古高原连接带，素有"风的故乡、光的海洋"的美誉，条件十分优越，是国家规划建设的大型可再生能源基地，拥有世界上首例集风力发电、光伏发电、储能系统、智能输电四位一体的新能源示范电站。2020年6月2日，张北可再生能源柔性直流电网试验示范工程竣工投产，每年可向北京输送约140亿千瓦时"绿色"电力，供应北京市大约1/10的用电量，使得北京冬奥会场馆实现奥运会历史上首次100%使用"绿色"电力的目标。近年来，张家口地区吸引高耗能的大数据产业纷纷落户。

1. 400 mm年等降水量线东南地区受夏季风影响明显，西北不易受夏季风影响。从气候和地形简析张北县一年中冬夏季太阳能资源都很丰富的原因。

2. 说明输电工程建成后对张家口地区产生的积极意义。

答案：1. 张北县冬季容易受蒙古—西伯利亚高压下沉气流控制，降水少，多晴朗天气；夏季，位于东南季风的背风坡，降水少，天气晴朗；所以冬夏季太阳能资源都很丰富。

2. 将张家口市地区丰富的风能、太阳能资源优势转化为经济优势；带动区域经济的发展；带动相关产业发展，加快了基础设施的建设，提供大量就业岗位；大量农业人口转变成非农业人口，带动地区城市化的发展；优化当地能源消费结构，改善环境质量。

案例九 生态脆弱区的问题与治理

浙江省台州市黄岩中学 阮小敏
浙江省临海市回浦中学 杨 明

【课标溯源】

（选必2）以某生态脆弱区为例，说明该类地区存在的环境与发展问题及综合治理措施。

【教学内容】

1. 结合资料，以民勤为例说明某生态脆弱区存在的环境与发展问题及综合治理措施。

2. 归纳某生态脆弱区自然环境的特点、存在的环境与发展问题以及综合治理措施的一般方法。

【学习目标】

1. 能够依据问题搜集资料，以民勤为例说明我国荒漠化地区的自然环境特征和人类活动特点，推测土地荒漠化的危害，并针对危害提出治理对策。

2. 学会搭建解决荒漠化问题的思路框架并设计解决方案，能解决现实中的其他同类问题。

3. 通过探究民勤地区生态脆弱问题，培养地理核心素养。

【教学重点】

1. 说明民勤绿洲土地退化的原因。

2. 说明民勤绿洲土地退化的综合治理措施。

【教学难点】

说明不同生态脆弱区的土地退化表现及相应的综合治理措施。

【教学设计构想】

教学设计构想见图3-9-1。

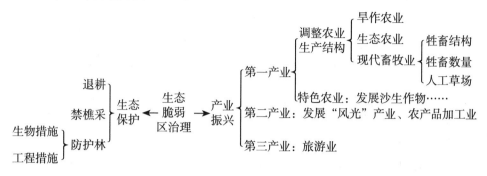

图3-9-1

【教学任务】

教学任务见表3-9-1。

表3-9-1

任务	活动内容	设计意图	素养水平要求
任务1：生态之痛	问题思考：分析民勤生态脆弱的自然原因；从农业生产角度，说明民勤生态环境恶化的原因	从地理环境整体性及人类活动角度分析民勤生态环境的状况，引导学生掌握认识区域的一般方法，培养其获取地理信息的能力和运用地图分析区域的方法	区域认知水平2 综合思维水平3
任务2：节水之路	阅读思考：分析民勤农业灌溉方式的变化的原因；简析在民勤马铃薯种植中推广膜下滴灌的生态环境效益及马铃薯产业高质量发展的途径	从农业技术与设施投入角度，分析生态脆弱区提升水资源利用率的举措，培养学生对地理事象的综合分析能力，形成人地协调发展的观念	区域认知水平3 综合思维水平3 人地协调水平3
任务3：种草养畜	问题探究：了解紫花苜蓿的生长习性，认识民勤构建"草—畜—肥—粮"的农业体系的合理性，分析农牧交错带减少籽粒玉米发展青贮玉米的意义	从生态保护角度认识干旱区牧草的种植、脆弱区生态农业发展和农业结构调整，对区域农业的发展进行评析，培养学生从要素综合、系统综合层面对地理事象分析与解释的能力	区域认知水平2 综合思维水平3
任务4：沙地新生	问题探究：分析和评价沙产业条件，认识和理解沙生农业（肉苁蓉种植）的可持续发展	能够从区域认知角度，分析民勤发展沙产业和生态农业的有利与不利条件，培养学生地理思辨能力，促进学生对人地协调发展的思考	区域认知水平3 综合思维水平4

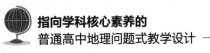

【教学活动示例及说明】

任务1：生态之痛。

材料1：民勤位于河西走廊东北部、石羊河流域下游，属温带干旱荒漠气候区，年均降雨量116mm，主要集中在7～9月，年均蒸发量2453mm。

材料2：20世纪70年代民勤开始大规模开挖机井、灌溉农田，累计建成60～100m深机井9021眼，其中农区9007眼，牧区14眼。1979年民勤盆地各灌区地下水矿化度（总含盐量）均小于0.58g/L，到1990年南部增加了0.5～1.8g/L，北部增加了0.4～5.6g/L。

材料3：相比1985年，2016年民勤盆地水位整体下降，在农业集中区的县城南部、泉山以南和东湖，降幅分别达到20m、22m、16m。民勤县城地下水位下降幅度仅为8m。盆地两侧的荒漠区相比于中部绿洲区变化较小。生态与地下水埋深关系：5～10m引起自然生态系统退化或灾变，10m以下出现自然湿地干涸，土地荒漠化加剧。

活动：①分析民勤地区生态脆弱的自然原因。②从农业生产角度说明民勤生态环境恶化的原因。

答案：①民勤深居内陆，处于绿洲和沙漠的过渡地带；气候干旱，降水少且变化率大；靠近冬季风源地，易受风力侵蚀作用；周围沙漠广布，土地贫瘠；植被覆盖率低，生态系统不稳定。②过度开垦、超载放牧、不合理樵采导致植被破坏，土地沙化严重；过度开采地下水，导致地下水位下降，生态环境退化；不合理灌溉，导致土地盐碱化严重。

任务2：节水之路。

材料1：马铃薯因其适应性广、增产潜力大，且生育期与雨季耦合较好，可作为替代部分小麦种植的主推作物。小麦生产耗水量大，而马铃薯具节水特性。

材料2：民勤县黄案村肖有宏在100亩马铃薯地里铺设了滴灌带。肖有宏说："马铃薯的种植深度大概是10cm，滴水的深度也是10cm。使用滴灌技术浇灌马铃薯，可以有效促使水分和肥料一体化输送至马铃薯根部，灌水均匀、有效，且亩均增产200kg以上。"图3-9-2为民勤农业用水方式变化图。

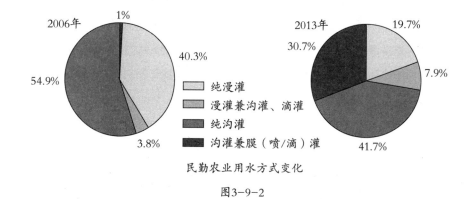

民勤农业用水方式变化

图3-9-2

南湖镇万亩马铃薯种植采用统一精量播种、统一水肥管理、统一病虫害防治、统一机械作业、统一技术指导的"五统一"管理模式，喷药播种、起垄覆膜、水肥管理、采收分拣等环节全程采用机械化作业，打造了现代农业发展典型样板，推动农业高质量发展。

活动：①描述2006—2013年民勤农业灌溉方式的变化，并分析原因。②简述在民勤马铃薯种植中推广膜下滴灌的生态环境效益。③从产业链角度指出民勤马铃薯产业如何实现高质量发展。

答案：①纯漫灌和沟灌方式减少，沟灌兼膜（喷/滴）灌的方式明显增多。民勤灌溉用水的调控，节水技术的推广。②提高水资源利用率，缓解水资源短缺；滴灌能够定点精准供水，防止土壤盐碱化；缓解农业用水紧张状况，防治荒漠化；减少过量施用化肥和农药带来的水污染、土壤污染；减轻因过量施用化肥造成的土壤板结，改善土质。③培育优质马铃薯品种，提高马铃薯的品质；提高农业机械化水平，提升马铃薯生产效率，提高产量；发展马铃薯深加工，延长产业链，打造马铃薯品牌；加强宣传，扩大市场规模；调整农业种植结构，精选农作物与马铃薯进行轮作、套作，保持土壤肥力，降低病虫害风险，减少农药、化肥的使用。

任务3：种草养畜。

材料1：草业是发展绿洲持续农业的重要因素。紫花苜蓿含有丰富的蛋白质，每年能收割3～4茬，素有"牧草之王"的美称。目前，民勤绿洲苜蓿等人工草地发展到150平方千米。粮食作物、经济作物、饲料作物比例从1994年的65∶32∶3调整为目前的42∶35∶23。

花寨村曾是民勤的贫困村，2016年开始，全村实施易地扶贫搬迁。通过种植苜蓿，发展以苜蓿产业和肉羊产业为主的草地农业，构建"草—畜—肥—粮"结构体系（图3-9-3），形成以草养畜，以畜养地，以地促牧的良性循环。目前，全村累计修建养羊小区（指采用半舍饲或全舍饲养殖模式）5个，羊存栏量12000只，户均养羊收入在2万元以上。

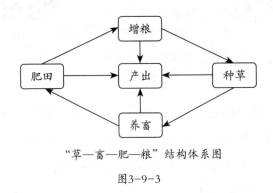

"草—畜—肥—粮"结构体系图

图3-9-3

材料2：2016年，农业部（现农业农村部）《关于北方农牧交错带农业结构调整的指导意见》提出以农载牧，以畜定草，建设现代饲草料产业体系。我国北方农牧交错带调减籽粒玉米（以收获果实为主）500万亩以上，发展全株青贮玉米。青贮玉米其营养成分丰富、适口性好、易消化吸收，还能提高反刍动物的日增重、泌乳力。种植青贮玉米将种植业与养殖业有机结合起来，不仅实现了牛羊等草食动物过腹增值，延长了产业链条，还可以带动农民增收。我国北方农牧交错带种植面积最多的10种牧草见图3-9-4。

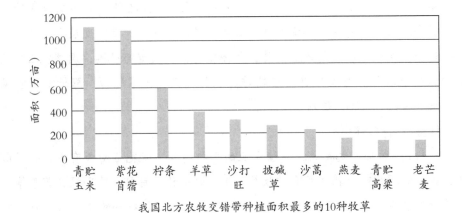

我国北方农牧交错带种植面积最多的10种牧草

图3-9-4

活动：①简述紫花苜蓿的生长习性。②从生态保护角度，指出民勤构建"草—畜—肥—粮"结构体系的合理性。③农牧交错带减少籽粒玉米发展青贮玉米的意义。

答案：①苜蓿适应性强，比较耐旱，喜欢温暖、半湿润的气候，对土壤要求不高。②通过种植优质草料，提高饲草产量，改良土壤（改善土壤盐渍化）；推行舍饲圈养，减轻天然草原的压力；推进粪肥资源化利用，减少废弃物排放，防止土壤污染，提高土壤肥力，促进种植业发展；实现人-畜分粮，保证粮食安全。③调整农牧结构，建设现代饲草料产业体系；提高玉米植株饲料化利用率，有利于畜牧业的发展；种养结合，产品多样，经济效益高促进农民增加收入。

任务4： 沙地新生。

材料1：1984年末，钱学森首次提出了沙产业的概念。该概念强调注重运用现代科技和现代经营管理方法，经植物光合作用，固定转化太阳能，发展知识密集的农业型产业。沙产业的核心是在沙区利用生物的机能，采用高新技术，提高太阳能转化率，为人类提供更多产品。其技术路线是"多采光、少用水、新技术、高效益"。

材料2：何德荣是民勤县青土湖肉苁蓉种植基地负责人。他最初从内蒙古阿拉善的亲戚那里得知，肉苁蓉（寄生在梭梭根部的珍贵药材）有"沙漠人参"的美誉，具有极高药用价值，在梭梭根部接种肉苁蓉的经济效益不错。

2009年，何德荣在自家的梭梭林接种肉苁蓉，第二年一些梭梭的根部长出了肉苁蓉。2012年，他成立民勤芸丰苁蓉农民专业合作社，2013年合作社承包林地4600亩接种肉苁蓉。每年春季能采挖20多吨肉苁蓉，收入可达100万元。

按照民勤县林草局的规定，梭梭林以零承包费承包给承包户，条件是梭梭的成活率要达到85%以上，否则将收回承包权。何德荣每年秋季用方格状沙障将流沙"锁定"，次年春季会在原有方格中栽种梭梭等耐旱树种。

活动：①从自然资源角度，评价民勤发展沙产业的条件。②请你从产业可持续发展角度为民勤肉苁蓉种植提供合理化的建议。

答案：①优势：光、热资源丰富，能源充足；土地资源丰富；沙漠景观资源丰富。不足：多风沙天气；沙漠广布，耕地少；水资源缺乏。②延长产业链，提高深加工能力，增加肉苁蓉的附加值；利用科技培育良种，保证肉苁蓉

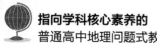

品质；加强种植技术培训，提升种植水平和技术；利用电商平台，扩大销售范围；加大宣传力度，扩大品牌知名度；合理调整种植规模，保护生态环境，实现可持续发展；发展观光旅游产业，吸引游客参观。

【评价设计】

1. 水平标准

水平标准见表3-9-2。

表3-9-2

评价指标	评价等级			
	水平1	水平2	水平3	水平4
综合思维	能够简单说出某一自然要素对于气候的影响	能够简单分析西北地区气候干旱的自然原因	能够综合分析民勤各自然要素的相互影响、相互制约关系，说明当地生态环境脆弱的自然原因	根据民勤的发展现状，从自然和人类产业活动角度分析民勤地区生态脆弱的原因
区域认知	能够根据民勤的地理位置，认知归纳当地的自然地理特征	能够从区域视角认知民勤生态脆弱的特征，并能简单解释民勤农业发展决策的得失	能够结合民勤案例，从区域特征角度评价农牧交错带发展草业决策	运用区域认知的方法，全面分析民勤发展沙产业等的得失，并提出较为可行的改进建议
地理实践力	能够借助教师或同学的帮助，获取和处理简单的地理信息	能够与他人交流合作，并掌握解决民勤生态脆弱问题的基本方法	能够主动获取和处理复杂信息，通过对给定生态脆弱区的探索分析，提出产业发展和生态恢复的措施	能够独立主动发现和探索问题，提出具有针对性、创造性的生态脆弱区可持续发展的措施
人地协调观	能够认识人类活动要在一定的地理环境中开展，说明生态脆弱区对于环境施加影响的方式及其影响	能够理解人类影响地理环境的主要方式，阐述人类活动对地理环境积极与消极的影响；认识人类活动要遵循自然规律，与自然和谐相处	能够结合民勤地理事象，认识地理环境对人类活动的影响以及人类活动影响环境的方式与强度；理解自然资源和地理环境满足人类需求的潜力及有限性	能够通过对生态脆弱区人地关系地域系统的分析，理解区域人口、资源、环境、发展的相互关系，理解人地关系的对立统一，评价分析人地关系中存在的问题

2. 练习与测评

例题 阅读材料，回答下列问题。

石漠化被称作"土地癌症"，亦称石质荒漠化，是指水土流失导致地表土壤损失、基岩裸露、土地丧失农业利用价值和生态环境退化的现象。石漠化多发生在石灰岩地区，土层厚度薄，地表呈现类似荒漠景观的岩石逐渐裸露的演变过程。位于贵州省西部的安顺市，人口数量为247.1万人（2020年），是典型的喀斯特地貌集中地区，山多地少，石漠化面积为269 km²。近年来，当地发展金刺梨、皇竹草等适应能力强、经济效益好的特色农业产业，帮助群众逐步脱贫致富。皇竹草生命力旺盛，除了能够作为牛、羊等牲畜的饲料外，还是纸浆、食用菌包等的原材料，对于治理石漠化、防止水土流失都有很好的作用。

1. 石漠化被称为"土地癌症"，试对此做出合理的解释。

2. 分析安顺市喀斯特地貌区石漠化现象的形成原因。

3. 说明安顺市采取种植金刺梨、皇竹草治理石漠化的积极影响。

答案：1. 石漠化导致土地丧失生产力，地表植被难以生长，水土流失严重；其治理难度大，恢复生态环境时间长；加剧了当地耕地、水和生物等资源的短缺，严重阻碍社会经济发展，导致贫困现象增多。

2. 当地人均耕地少，长期以来由于大面积的陡坡开荒，地表植被不断遭到破坏，造成水土流失加剧，地表岩石裸露；安顺市位于喀斯特地貌石质山区，土壤发育条件差，土层薄，土壤肥力低；山区地势起伏大，降水多且多暴雨天气，流水侵蚀作用强，尤其是在地表植被被破坏后，暴雨对土壤的侵蚀能力增强，大量的水土流失后岩石逐渐露出地表，从而形成石漠化现象。

3. 恢复和提高地表覆盖率，减少地表裸露，避免受外力的风化侵蚀；涵养水源，保持水土，减少水土流失；金刺梨、皇竹草等具有很高的经济价值，可以提高当地居民种植的积极性，增加经济收入，有利于脱贫致富；促进当地相关产业发展，减少过度开垦、过度樵采等不合理的经济活动，有助于生态环境的保护；等等。

案例十　轮胎的前世今生

浙江省台州市黄岩中学　王露欧

【课标溯源】

1.（必修1）结合图表和实例，分析自然环境的整体性和地域分异规律。

2.（必修2）结合资料，归纳人类面临的主要环境问题，说明协调人地关系和可持续发展的主要途径及其原因。

3.（选必3）结合实例，说明污染物跨境转移对环境安全的影响。

【教学内容】

1.明确人类面临的主要环境问题。

2.从整体性视角分析主要环境问题产生的影响。

3.说明跨境污染对环境安全的影响，探讨跨境污染物的治理措施。

【学习目标】

1.通过对橡胶树原产地和引种地的自然地理条件的分析，强化区域认知能力。

2.结合资料，分析橡胶林引种和种植面积变化的原因及其可能带来的影响，培养综合思维能力。

3.结合资料，了解轮胎的原料获取、生产加工、使用和废弃过程中产生的环境问题及其危害，增强环保意识，树立人地协调观。

4.通过参与如何实现废旧轮胎的"重生"等活动，培养地理实践能力。

【教学重点】

1.橡胶种植的区域自然地理条件的对比分析。

2.橡胶种植业和轮胎产业的区位分析，及其产生的环境问题和解决途径。

【教学难点】

1. 区位要素变化与橡胶种植业及其他地理要素的关联。

2. 橡胶种植业和轮胎产业发展产生的环境问题的原因分析。

【教学设计构想】

教学设计构想见图3-10-1。

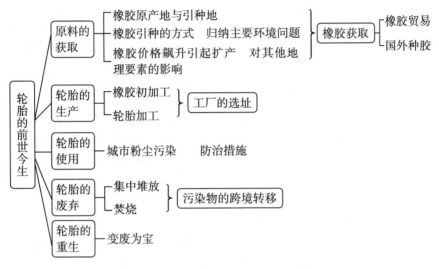

图3-10-1

【教学任务】

教学任务见表3-10-1。

表3-10-1

任务	活动内容	设计意图	素养水平要求
任务1: 原料的 获取	问题分析:亚马孙和西双版纳的气候和植被等自然地理条件的对比分析;分析橡胶树引种情况、其种植面积变化的原因、产生的主要环境问题及对其他地理要素的影响,并思考可持续的区域产业发展方式	了解学生对相关地理概念和地理事象的认知基础,为深入探究地理问题做准备。从区域视角培养学生读图分析、要素综合、系统分析的综合思维能力	区域认知水平2 人地协调观水平3 综合思维水平4
任务2: 轮胎的 生产	问题探讨:橡胶初加工和轮胎生产对周围环境的影响,分析国际轮胎巨头到我国投资办厂的原因,从可持续发展的角度思考橡胶初加工工厂和轮胎生产厂的选址	通过解读和获取图文资料信息,培养对地理事象进行综合分析探究与解释应用的能力	综合思维水平3 人地协调观水平4

（续表）

任务	活动内容	设计意图	素养水平要求
任务3：轮胎的使用	问题研究：了解城市的粉尘污染并尝试从个人、政府、企业等角度分析防治城市粉尘污染的途径，并尝试制作倡议书和开展宣传活动等	通过材料了解轮胎使用产生的粉尘污染危害，并以角色扮演的形式提出解决途径，培养人地协调观	地理实践力水平3 人地协调观水平3
任务4：轮胎的废弃	问题研究：结合我国京沪和科威特等地案例，分析大量废旧轮胎任意堆放可能会带来的危害及其成因；认识海洋微塑料污染及其扩散转移对海洋生态和全球环境安全的影响，并思考应对措施	通过分析不同区域的废旧轮胎造成的污染问题，深入探究污染物跨境转移及其危害，说明预防和解决污染的措施，强化人地协调观	区域认知水平3 综合思维水平4 人地协调观水平4
任务5：轮胎的"重生"	问题探讨：了解轮胎生态园的设计理念；探讨废旧轮胎"重生"的设计方案	通过话题探讨，激发地理创新思维和应用实践能力，强化人地协调观	地理实践力水平4 人地协调观水平3

【教学活动示例及说明】

任务1：轮胎原料的获取。

材料1：西双版纳茂密的原始森林，给各种野生动植物提供了理想的生息场所。每亩原始林每年可蓄水25 m³，保土4 t。橡胶树原产于亚马孙森林，喜高温、高湿。我国科学家在云南等多个地方进行实地勘测，最终在20世纪50年代在西双版纳的坡地上试种成功。图3-10-2为西双版纳降水和气温直方图。

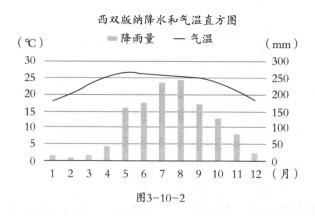

图3-10-2

材料2：橡胶种植需砍伐烧尽原有森林，种上橡胶之后，使用除草剂除灭再次生长出来的其他植物，只留取橡胶树单一物种。种植5~6年后，橡胶树开始产胶，胶乳中70%以上的成分是水，开割的橡胶林每年每亩吸取地下水量 9.1 m³。有人形容一棵橡胶树就是一台小型抽水机。"如今，西双版纳的许多村寨已出现自来水断流、井水干涸的现象。一些农户家里的自来水龙头已形同摆设。有些农民实在无水可喝，只能成箱地买矿泉水回家。"

材料3：从1994—2007年，国际橡胶价格暴涨900%以上。图3-10-3为西双版纳近70年橡胶种植面积变化图，图3-10-4为西双版纳近40年气候变化图。

西双版纳近70年橡胶种植面积变化图

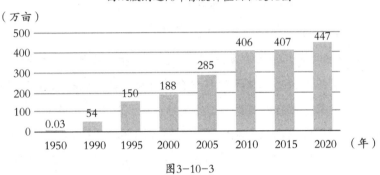

图3-10-3

西双版纳近40年气候变化图

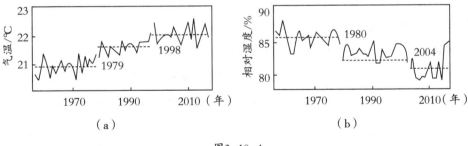

（a）   （b）

图3-10-4

活动：①描述亚马孙和西双版纳的气候和植被的差异。②从橡胶树引种的方式，归纳可能引发的主要环境问题。③分析国际橡胶价格变化对当地橡胶种植业及其他地理要素产生的影响。④简析2010—2020年橡胶种植面积增加速率变化的原因，并从可持续发展的角度思考橡胶获取方式。

任务2：轮胎的生产。

材料1：橡胶初加工的视频（略）及轮胎原料构成示意图（图3-10-5）。

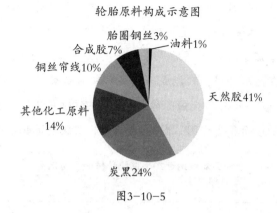

图3-10-5

材料2：轮胎生产厂原都在发达国家。21世纪初，国际轮胎生产巨头纷纷到我国投资建厂。橡胶轮胎在生产过程中会排放大量的橡胶轮胎废气，污染成分复杂多变，污染因子主要为颗粒物、恶臭物质等，对周围环境造成很大污染。

活动：①简析橡胶初加工和轮胎生产对周围环境的影响。②分析国际轮胎巨头到我国投资办厂的原因。③从可持续发展的角度思考橡胶初加工工厂和轮胎生产厂的选址。

任务3：轮胎的使用。

材料：非尾气排放物是指车辆在行驶过程中，由于刹车磨损、轮胎磨损、道路磨损以及道路粉尘的再悬浮而产生的颗粒物。最新研究表明，汽车轮胎磨损导致的空气污染比尾气排放严重1000倍。

活动：①简述城市粉尘污染除非尾气排放物之外还有哪些。②请尝试从个人、政府、企业等角度，简述防治城市粉尘污染的途径。③制作一份倡议书，并在社区做一次宣传活动。

任务4：轮胎的废弃。

材料1：随着汽车工业的发展，废旧轮胎正在威胁人类的生存环境。据统计，全世界每年约有15亿条轮胎报废。2020年我国废旧轮胎量达1390万吨，在京沪等大城市的城郊接合部多见绵延数千米像小山一样的堆积点。

材料2：科威特苏比亚的废旧轮胎场（图3-10-6）是世界上最大的废轮胎场，面积超过60万平方米。2021年8月某天当地温度40℃，地表温度达73℃，存放着5000多万个废旧轮胎的场地突发大火，现场浓烟滚滚，场面堪比"核弹爆发"。

图3-10-6

材料3：造礁珊瑚一般生活在距海面25 m以内海域。美国佛罗里达州海边原有美丽的天然珊瑚礁。20世纪80年代，当地垃圾处理厂将数百万条废轮胎固定后投入海底，意在处理垃圾和打造人工堡礁。2020年，人们发现这片海域的珊瑚礁和鱼类不断减少。

材料4：海洋微塑料被称为"海洋PM2.5"，是指海水中直径小于5 mm的塑料碎片、颗粒和小球，废旧轮胎中的树脂颗粒是其主要来源之一。海洋微塑料体积小，极易被海洋生物吞食并在体内蓄积，危害海洋生物安全，也容易作为载体吸附重金属等污染物，危及海洋生态系统。同时，其可通过食物链进入人体，威胁人类健康。海洋微塑料随着海水流动，造成全域海洋污染。据统计，全球海洋垃圾中80%以上为塑料垃圾。

活动：①试分析大量废旧轮胎任意堆放可能会带来的危害。②分析2021年科威特高温的原因，指出苏比亚废旧轮胎场火灾现场浓烟飘移的方向，并简析其可能会带来的危害。③分析美国佛罗里达2020年较20世纪80年代珊瑚礁减少的原因。④为了减少甚至消除海洋微塑料污染，我们应该采取哪些措施？

任务5：轮胎的重生。

材料：废旧轮胎堆积是全球性的环境问题，它们分解需要几百年。如果我们把它们可持续地利用起来，如用于建梯田、盖房子，那就变废为宝了。

走进北京世界园艺博览会国际马铃薯中心展园，一个圆形梯田赫然展现眼前，只不过这梯田不是绿色的，却是黑色的。据工人师傅介绍，这个六层下沉式环形梯田的主体和展园的围墙，由3500条废旧回收轮胎打造而成，这些轮胎全部由北京本地搜集而来。铺垫在轮胎底部的塑料布也是回收而来的，可以起到防漏控温的作用，让不同耐寒属性的马铃薯在对应的区域中实现良性生长。

活动：①简述轮胎生态园的设计理念。②如何实现废旧轮胎的"重生"？讨论并提出你的设计方案。

【评价设计】

1. 水平标准

水平标准见表3-10-2。

表3-10-2

评价标准	评价等级			
	水平1	水平2	水平3	水平4
综合思维	能够简要分析自然地理要素之间的关联和地理特征的成因	能够从多个地理要素相互影响、相互制约及区位因素角度分析相关产业的发展及问题	能够结合区域案例，综合各要素，从时空维度系统分析橡胶种植变化和相关产业发展带来的影响	能够从要素综合、时空综合、地方综合层面对橡胶种植业及相关产业的区域发展进行系统分析与解释
区域认知	能够根据材料，认识和归纳区域特征，辨识气候类型	结合给定的区域案例，阐释其自然地理特征，并辨析与该区域发展的关联	能够结合给定的区域案例，系统分析该区域特征，并指出其发展中问题的主要成因	能够对现实中的产业发展及其产生的环境问题进行全面评价，并提出切实可行的区域发展途径
地理实践力	能够获取和处理信息，了解城市粉尘污染的类型等	能够获取和处理信息并与他人交流合作，提出防治城市粉尘污染的途径	调查城市粉尘污染和废旧轮胎的处理方式，展现出较强的行动能力并提出优化方案	能够结合所学知识，制作倡议书并开展宣传活动，展现出较强的行动策划能力和克服困难的勇气
人地协调观	能够简要理解和说明轮胎生态园的设计理念等，树立人地和谐的意识	能够简析区域产业发展可能会带来的危害，并提出相应的解决措施	在给定的复杂情境中（如海洋微塑料扩散转移），能够全面分析其对环境安全的影响，树立人地和谐发展的观念	结合现实中某地废旧轮胎等废弃物的处理方式，能够进行系统全面的评价，并提出人地和谐发展的有效途径

2. 练习与评测

例1 图3-10-7为某产业园产业链基本构架。据此回答下面问题。

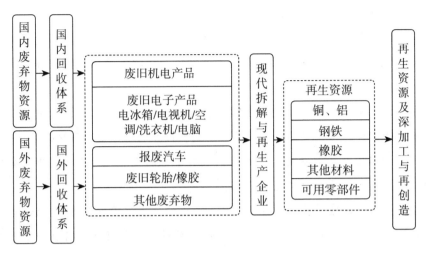

图3-10-7

1. 该产业园区从国外引入废弃物资源的主要原因是（　　　）。

　　A.提高企业收益　　　　　　B.增加就业机会

　　C.促进国际合作　　　　　　D.减少环境污染

2. 该产业园区的主要目的是解决（　　　）。

　　A.产品利用前的环境污染　　B.产品利用中的环境污染

　　C.产品运输中的环境污染　　D.产品利用后的环境污染

答案：1.A；2.D。

例2　污染密集型产业是指在生产过程中若不加以治理就会直接或间接产生大量污染物，或者是生产过程使公众的安全和健康受到威胁或明显受到影响的产业。读2000—2011年中国四大地区及地区间污染密集型产业转移路径表（表3-10-3），回答下列各题。

表3-10-3

地区	转入产业	转出产业
西部地区	塑料、原煤、硫酸、原油、纯碱、水泥、乙烯、天然气、化学农药、化肥	无
东北地区	无	除水泥外所有产业
中部地区	纯碱、化肥、水泥	天然气、塑料、原油、平板玻璃、生铁
东部地区	平板玻璃、生铁、粗钢	原煤、天然气、硫酸、化肥、水泥、纯碱

1. 归纳我国国内污染密集型产业转移路径的特征。

2. 简析西部地区"吸引"大量污染密集型产业转入的原因。

3. 简述污染密集型产业增加对西部地区生态环境的负面影响，并提出应对措施。

答案：1. 西部地区是污染密集型产业的净转入区，东北地区是污染密集型产业的净转出区，东、中部地区是污染密集型产业的选择性转移区。

2. 资源分布的地区差异：西部地区拥有丰富的天然气、石油、煤炭等自然资源，是我国天然的能源与化工基地。

生产成本的地区差异：西部地区劳动力成本、土地价格等相对较低。

政策因素：西部地区招商引资的环保要求较低，导致大量污染密集型产业转移到西部地区。

3. 影响：西部地区生态脆弱，大量污染物排放易导致生态环境出现不可逆转的破坏；西部地区是我国大江大河的主要发源地，大量污染密集型产业转入威胁全国生态安全；西部地区治理污染能力较弱，大量污染密集型产业转入使区域环境风险加剧。

措施：综合评估环境承载力，适度转入；严格落实转入企业污染排放控制技术；推行清洁生产，污染密集型产业集中生产、集中治污。

案例十一　生态脆弱区的综合治理

——以我国荒漠化地区为例

浙江省台州市外国语学校　文丹

【课标溯源】

1.（选必1）结合真实情境，理解分析区域自然环境的地域差异性和整体性表现。

2.（选必3）结合实例，说明某生态脆弱区存在的环境问题与发展问题，以及综合治理措施。

【教学内容】

1.我国主要生态脆弱区的分布及其面临的生态环境问题。

2.结合黄土高原、西南喀斯特、北方盐碱地等典型生态脆弱区实例，从地理环境整体性和差异性及人类活动区域差异层面认识其面临的环境问题。

3.结合案例，分析荒漠化形成的原因。

4.结合实例，分析人类活动对生态环境的影响及治理措施等。

【学习目标】

1.结合资料，分析说明荒漠化地区自然地理环境与人类活动的关联性，理解地理环境整体性和区域差异性。

2.结合资料，指出不同生态脆弱区存在的问题，提出和评价解决问题的措施和途径，培养区域认知能力和综合分析能力。

3.结合具体案例，分析人类活动对区域生态环境的影响，树立对荒漠化的忧患意识，培养正确的人地协调观，提升地理实践力。

4.构建分析区域生态脆弱区问题的思维方式，培养综合思维能力。

【教学重点】

荒漠化成因分析及综合治理措施。

【教学难点】

不同生态脆弱区形成的原因及其发展面临的问题。

【教学设计构想】

教学设计构想见图3-11-1。

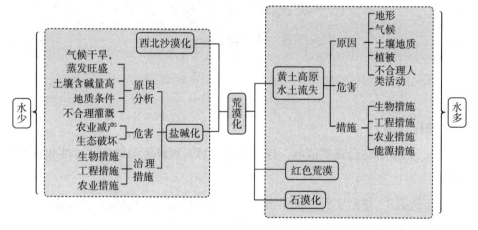

图3-11-1

【教学任务】

教学任务见表3-11-1。

表3-11-1

任务	活动内容	设计意图	素养水平要求
任务1：认识生态脆弱区，了解荒漠化的类型和典型分布地区	思考问题：生态脆弱区的含义及分布特点，荒漠化的含义及类型	让学生初步了解我国生态脆弱区的空间分布特点及主要类型，理解生态脆弱区具有过渡带的特性，培养区域认知意识	区域认知水平2
任务2：探究黄土高原腹地"吕梁地区"水土流失的问题	思考问题：吕梁市水土流失的主要原因，森林覆盖率增加对吕梁市脱贫致富的影响（为何要恢复植被），吕梁市能实现森林覆盖率大幅度提高的有利条件（为何能恢复植被）	从小尺度区域视角培养学生读图分析、要素综合、系统分析的综合思维能力，树立正确的人地协调观	综合分析水平3人地协调观水平3

（续表）

任务	活动内容	设计意图	素养水平要求
任务3：深入探究黄土土质特点及形成原因	阅读材料，思考问题：了解垂直节理的概念，分析阐述黄土高原抗侵蚀能力差的原因	通过对黄高原抗侵蚀能力差的原因分析，培养学生要素综合、时空综合、地方综合的综合思维能力，并树立正确的人地协调观	区域认知水平2综合分析水平4
任务4：探究荒漠化地区综合治理的措施	思考问题：如何实现荒漠化地区的可持续发展？库布齐综合治理措施对黄土高原的综合治理有哪些借鉴意义？	结合典型案例，帮助学生搭建全面治理荒漠化问题的综合思维能力；培养学生具体问题具体分析的思想，认识区域差异对人类活动的影响，考查其地理实践能力	综合分析水平4人地协调水平3地理实践力水平3
任务5：探究"盐碱化"的形成条件和综合治理	思考问题：景泰县盐碱化严重的原因，景泰县发展盐碱渔业产生效益	通过真实情境，培养学生区域特征的分析能力，认知不同地区荒漠化的表现形式；从多维角度认知生态脆弱区治理获得的综合效益，树立正确的人地协调观	区域认知水平2综合分析水平4人地协调水平3

【教学活动示例及说明】

任务1：初识荒漠化。

材料："探秘荒漠带"地理主题研学活动。我国生态脆弱区主要分布在北方干旱半干旱区、南方丘陵区、西南山地区、青藏高原区及东南沿海水陆交接地区，其主要类型有东北林草交错生态脆弱区、北方农牧交错脆弱区、西北荒漠绿洲交接生态脆弱区、南方红壤丘陵山

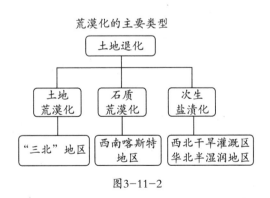

荒漠化的主要类型

图3-11-2

地生态脆弱区、西南岩溶山地石漠化生态脆弱区、青藏高原生态脆弱区、沿海水陆交接带生态脆弱区。读世界荒漠化分布图（详见湘教版选择性必修2第66页图2-42）和荒漠化的主要类型图（图3-11-2）。

活动：①简述我国生态脆弱区的分布特点。②什么是荒漠化？你想去哪些荒漠带？

答案：①面积大、类型多、分布广。主要分布在干旱半干旱区、南方丘陵区、西南山区、青藏高原及东部沿海水陆交接地区。②荒漠化是指由气候变化和人类活动等因素造成的土地退化（土地利用不当或其他因素，导致耕地、草地和林地等生产能力的下降），包括土地沙漠化、石质荒漠化和次生盐渍化等。

任务2：探秘"黄土地"。

材料1：吕梁市属黄土高原腹地，位于山西省西部，吕梁山脉中段，西临黄河，面对陕西，东南临汾河，东北倚吕梁山，总面积2.1万平方千米，海拔高度为1000～2000米。因吕梁山脉由北向南纵贯全境而得名。该区域输入黄河泥沙曾占山西省入黄泥沙2.7亿吨中的80%以上，恶劣的生态环境曾经被联合国专家认为"不适宜人类居住"。图3-11-3为吕梁市气候资料图，表3-11-2为吕梁市人口数据表。

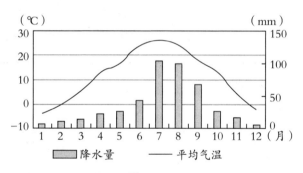

图3-11-3

表3-11-2

项目	2010年	2020年
劳动人口（15~59岁）	63.85%	57.66%
自然增长率	9.8‰	4.25‰
常住人口	372.7万人	328.6万人
城市化水平	37.91%	53.31%

材料2：近年来，吕梁市累计完成荒山绿化330万亩，退耕还林230多万亩，森林覆盖率由1979年的4%上升到2019年的28.6%，水土流失面积大幅度下降。以

枣、核桃为代表的经济林成为当地农民脱贫致富的经济来源。

活动：①分析吕梁市入黄泥沙较多的主要原因。②说明森林覆盖率提高对吕梁市脱贫致富的影响。③简述吕梁市能实现森林覆盖率大幅度提高的有利条件。

答案：①黄土高原土质疏松，易被侵蚀；夏季降水集中，降水强度大；地形起伏大，水流速度快、侵蚀力强；植被覆盖率低，固土能力差。②植被覆盖率提高，水土流失减轻，土壤肥力增加，单位土地产值提高；经济林面积增加，农民收入增加；自然环境改善，生物多样性增加，旅游收入增加。③夏季光热充足，雨热同期，适合植树造林；荒山面积广大，有植树造林的空间；人口减少，粮食等需求量减少，退耕还林面积大；市场对水果等经济作物需求增加，耕地改成果园，增加了林地面积；国家政策支持。

任务3：细"品"黄土层。

材料1：黄土高原土质松散，富含氮磷钾等养分，自然肥力高，适合耕作，我国黄河中游地区所孕育的古代文明，大概就得益于此。黄土的又一个特点是垂直节理发达，直立性很强，这为当地居民提供了凿窑洞而居的便利条件。但黄土有一个很大的弱点——对流水的抵抗力弱，易受侵蚀。

材料2：节理是很常见的一种构造地质现象，是指岩石受力而出现的裂隙（裂缝），但裂开面的两侧一般没有或很少发生相对位移。节理可以向任何方向延伸，但垂直方向节理更多一些。

活动：结合材料，阐述黄土高原抗侵蚀能力差的原因。

答案：第一，自然原因：黄土高原是风积高原，土层松散，易受侵蚀；垂直节理发达，垂直方向渗水力强，遇水易崩解流失；季风气候，夏季多暴雨，冲刷作用强；植被覆盖率低，保持水土的效果不明显；多滑坡、塌陷、泥石流等地质灾害，加剧了水土流失。第二，人为原因：过度开垦、放牧、樵采、露天采矿及其他不合理土地利用方式导致植被破坏，进而导致土壤侵蚀加剧。

任务4：库布齐"奇迹"。

材料1：库布齐沙漠是中国第七大沙漠，位于河套平原黄河"几"字弯里的黄河南岸（有的人称为河套沙漠），是距北京最近的沙漠。总面积约1.39万平方千米，流动沙丘约占61%，长400千米，宽50千米，沙丘高10～60米，像一条黄龙横卧在鄂尔多斯高原北部，形态以沙丘链和格状沙丘为主。

材料2：经过30多年来几代治沙人的努力，库布齐沙漠近三分之一的面积得到治理，涵养水源240多亿立方米，生态逐步恢复，并逐渐形成沙漠旅游、食品、光伏等多领域的产业链，创造生态财富5000多亿元，实现了从"沙进人退"到"绿进沙退"的转变。图3-11-4为库布齐沙漠上的太阳能光伏发电产业园，太阳能发电板下同时发展养殖业；图3-11-5为网格状的沙柳在沙漠上，起到固沙的作用。

图3-11-4　　　　　　　　　　图3-11-5

活动：①结合材料，思考如何实现荒漠化地区的可持续发展。②库布齐的"奇迹"对黄土高原有哪些借鉴意义。

答案：①控制人口增长；调整土地利用结构，生态退耕；依托资源优势，调整产业结构，大力发展第三产业；加强对外交流和合作；积极发展新能源；等等。②略。

任务5：新型"盐碱化"。

材料1：景泰县位于甘肃省中北部，地处河西走廊东端，腾格里沙漠南缘，黄河西侧（图3-11-6），是黄河上游重要的农业灌溉区，农业人口占比达50%及以上，主要农作物有玉米、小麦、沙漠洋芋、枸杞、红枣等及优质的农畜产品。景泰地处西北内陆干旱区，干旱少雨、大风多沙，作为之前公认的"粮仓"，却曾深受盐碱地危害，土地盐碱化面积大，是盐碱化的重灾区。

材料2：近年来，景泰县在盐碱滩地上挖沟建塘，利用地下卤水养殖生态虾，现已初具规模。景泰县重点打造出了"盐碱水流水养殖""鱼虾生态混养"和"休闲渔业"等五大水产养殖产业园区，这些区域内的蔬菜、中药材种植业和养殖业也蓬勃发展。图3-11-7为盐碱地养殖基地及盐碱地养殖生态旅游基地图。

图3-11-6

图3-11-7

活动：①结合材料，分析景泰县盐碱化严重的原因。②分析景泰县发展盐碱渔业产生的效益。

答案：①原因：土壤母质含有盐分，风化后随地下水位升高，盐分聚积在表土层；气候干旱，降水稀少，蒸发剧烈，地表盐分积存；灌溉方式粗放，造成地形较低灌区的地下水位上升，土壤盐分表聚，发生了严重的次生盐渍化；缺少配套的排碱排水设施，最终导致土壤盐碱化严重。②第一，经济效益：优化农业产业结构，极大地丰富了西北地区的水产品市场，满足了人们的生活需要，有效促进了农民增收。第二，生态效益："以渔治碱"改善土壤结构，实现盐碱地复耕，促进盐碱地资源的有效利用；发展水产养殖技术，促进盐碱地水资源的渔农综合利用，保证了湿地面积以改善微气候和生态环境。第三，社会效益：保障粮食安全，巩固脱贫攻坚成果，助力乡村振兴。

【评价设计】

1. 水平标准

水平标准见表3-11-3。

表3-11-3

评价指标	评价等级			
	水平1	水平2	水平3	水平4
综合思维	结合实例，说出荒漠化的概念和危害	对于给定的简单地理事象，能够简单分析其地理背景以及人类活动对荒漠化的影响	能够结合不同区域发展的特点，说明荒漠化产生的影响，并构想解决这些问题的措施	结合实例，综合分析荒漠化形成的自然原因和人为原因，并提出解决问题的有效途径
区域认知	能够运用地图资料，指出我国北方农牧交错带的	结合资料，了解四大典型生态脆弱区的分布及特征，并	能够结合给定的区域案例，从空间区域尺度分析区域特	能够从时空层面综合评析不同区域荒漠化发生机理及其造成的

（续表）

评价指标	评价等级			
	水平1	水平2	水平3	水平4
区域认知	分布及其面临的生态环境问题	说出其面临的生态环境问题	征对荒漠化的影响	影响
地理实践力	搜集查阅资料，了解生态脆弱区的现状	认识地理信息技术，了解荒漠化治理过程中地理信息技术的应用	能够获取和处理复杂信息，对给定区域的荒漠化治理进行评价分析	结合实例，提出比较全面的荒漠化治理措施
人地协调观	能够理解人类活动对荒漠化的影响	结合资料，感受生态脆弱区治理的成效，认识人地协调发展的重要意义	通过分析给定区域的荒漠化与人类活动的关系，认识地理环境与人类活动相互影响的关系	能够分析和理解不同区域荒漠化与经济、环境等的关系，评价分析人地关系中存在的问题

2. 练习与测评

例1 广西壮族自治区大化瑶族自治县七百弄乡位于云贵高原东南边缘，是典型的岩溶地貌，峰丛、洼地众多，山峰环绕着洼地。山峰坡度陡，土层薄，一旦植被被破坏就会出现严重水土流失；洼地地形坡度小，324个原始古朴的瑶寨分布在洼地底部。当地逢雨就涝、无雨便旱，全乡人均耕地面积仅0.8亩，人们生活极度贫困。为了实施乡村振兴战略，当地政府带领农民积极探索脱贫致富的道路。图3-11-8为七百弄乡景观示意图。

图3-11-8

1. 分析七百弄乡水土流失严重的原因。

2. 分析七百弄乡"逢雨就涝、无雨便旱"的自然原因。

3. 请谈谈当地为实现脱贫致富可采取的措施。

答案：1. 亚热带季风气候，降水季节变化大；岩溶地貌广布，地形崎岖，山体坡度大，土层薄；农业生产方式落后，人均耕地少，不合理人类活动加剧了水土流失。

2. 涝：夏季降水集中，多暴雨；坡度陡，雨水快速向洼地汇聚；地势低洼排水不畅。旱：纬度低，年平均气温高，蒸发量大；降水季节变化大，冬半年降水量较少；岩石裂隙发育，地表水易渗漏；土层薄，蓄水能力差。

3. 修建储水工程，钻井取水，解决缺水问题；因地制宜，发展多种经营；加强道路等基础设施的建设；鼓励人们外出务工，增加收入；进行异地迁移，缓解人地矛盾。

例2　材料1：晴隆县是贵州省黔西南州下辖县，为贵州省重点扶贫的四个贫困县之一。辖区范围山高坡陡谷深，气候温和湿润，可溶性岩石（石灰岩）广布，形成独特的旅游资源。20世纪80年代末以来，晴隆县境内石漠化面积已占全县土地面积的40.56%，属于石漠化严重地区。

材料2：晴隆县人地关系紧张，人均耕地少。25°以上陡坡耕地面积占耕地总面积的71.09%，耕地利用条件极差，耕地后备资源严重不足。传统的农业生产方式加大了耕地压力，耕地质量、土壤肥力严重下降。2019年贵州省在13个县（市、区）开展20万亩耕地休耕制度试点，晴隆县名列其中。政府对耕地休耕试点给予适当补助，全年休耕试点每年每亩补助500元。

材料3：晴隆县地形及石漠化景观图（图3-11-9）。

图3-11-9

1. 分析晴隆县石漠化严重的主要原因。

2. 试推断晴隆县推行休耕制度的有利影响。

3. 为加快晴隆县脱贫致富步伐，请你提出合理化建议。

答案：1.自然原因：大部分地区土层较薄，植被根系浅；亚热带季风气候，降水集中于夏季；境内可溶性岩石广布。人为原因：人口增长过快；过度垦殖、过度樵采、过度开矿等不合理活动破坏了植被，加速了石漠化。

2.调节土壤性状、改良土壤生态；保护耕地和提升地力，巩固提升粮食产能；缓解生态环境压力，促进农业可持续发展；节约和高效利用土地资源，提升农业供给体系的质量和效率。

3.退耕还林还草，发展立体农业，开发利用水能资源，农矿产品的综合开发，大力发展旅游业，完善基础设施建设，等等。

案例十二　耕地资源与粮食安全

——稻花香里说丰年

浙江省台州市洪家中学　章剑龙

【课标溯源】

1.结合实例，说明工业、农业和服务业的区位因素。

2.结合图表，解释中国耕地资源的分布，说明其开发利用现状，以及耕地保护与粮食安全的关系。

【教学内容】

1.认识我国粮食生产的资源基础，理解我国粮食生产面临的主要安全风险。

2.通过图文、数据等资料，了解我国维系粮食安全的主要途径。

3.通过资料，理解耕地保护对维持粮食安全的重要性。

【学习目标】

1.以水稻种植业为例，运用图文信息说明影响水稻种植的自然区位因素，培养地理综合思维和区域认知能力。

2.运用图文信息，说明我国耕地资源的分布特征及耕地利用现状，培养读图和析图能力，从区域视角全面、系统、动态地分析和认识地理事象，提高综合思维。

3.通过多种途径搜集有关我国耕地资源的信息，学会合作进行实地考察和地理调查，培养科学探究的意识和能力，提升地理实践力。

4.通过对海水稻种植和盐碱地可持续开发利用的分析与研究，提高发现和解决地理问题的能力，培养尊重自然、和谐发展的人地协调观。

5.通过对"虾稻共作"模式的分析与研究，提高地理综合思维能力，牢固树立可持续发展的理念。

【教学重点】

1. 如何保护耕地资源和保障粮食安全。

2. 对我国耕地目前的开发利用现状提出相应的措施。

【教学难点】

认识我国耕地资源的分布现状及开发利用现状。

【教学设计构想】

教学设计构想见图3-12-1。

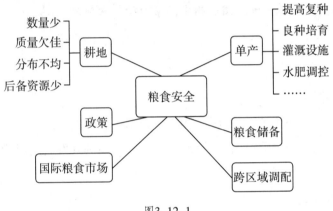

图3-12-1

【教学情境】

习近平总书记在河南考察期间指出："粮食安全、'三农'工作是一切工作的重要之基，各级党委和政府一定要抓紧抓紧再抓紧。"中国耕地面积占世界的7%，却养活着世界近20%的人口，实属不易，但是，我国粮食连续稳产增产的基础仍不够牢，农业基础设施薄弱的局面没有根本改变。

【教学任务】

教学任务见表3-12-1。

表3-12-1

任务	活动内容	设计意图	素养水平要求
任务1：水稻和耕地	自主探究：我国耕地的分布特征；从地形、气候和人口分布等特征，分析中国南方水稻种植的区位条件；探究中国南方地区水稻种植业的不利条件及解决措施	了解农作物的生长习性、粮食生产的自然区位因素，提升学生运用所学知识去解决问题的能力	区域认知水平3 综合思维水平4

（续表）

任务	活动内容	设计意图	素养水平要求
任务2： 南粮北运	自主探究：从耕地角度分析我国粮食安全的现状，分析20世纪六七十年代以前我国水稻"南粮北运"的原因。结合图文信息，从资源角度分析我国南方和北方耕地的差异	通过解读图文信息，培养学生读图析图、综合分析的能力，以及系统看待地理问题的综合思维能力	区域认知水平3 综合思维水平4
任务3： 北粮南运	合作探究：我国南方地区为何需要"北粮南运"来解决粮食问题？近年来为什么东北地区水稻种植规模扩大？为什么东北大米好吃、健康、营养含量高？调查家乡耕地面积的变化，保障耕地面积可采取哪些措施？	从区域视角培养学生全面、系统、动态地分析和认识地理事象，学会比较地理事物特征，提升探究和解决地理问题的能力	区域认知水平3 综合思维水平4 人地协调观水平3 地理实践力水平4
任务4： 农业生产技术	合作探究：描述我国盐碱地的分布特征；分析在青岛设立海水稻研发中心的优势条件；是否赞成在我国沿海滩涂大面积推广种植海水稻，表明态度并说明理由；提出我国盐碱地资源可持续利用的对策	通过区域和地理事象发展变化的分析，培养学生以尊重自然、和谐发展的态度探究和解决地理问题的能力，建立正确的人地协调观	区域认知水平3 综合思维水平4 人地协调观水平3
任务5： 水稻种植业可持续发展	合作探究：评价分析潜江市养殖小龙虾的自然条件和"虾稻共作"产业迅速发展的原因，及其推广对潜江农业发展的积极影响；简述建设潜江"虾—稻大数据中心"对潜江虾稻全产业链发展的作用，并为其可持续发展提出合理化的建议	通过对区域特征分析，提高学生的综合思维水平和分析问题的能力，建立人地协调的区域发展观。学习对生活有用的地理，增强学生地理学习的兴趣	综合思维水平4 人地协调观水平3 地理实践力水平4

【教学活动示例及说明】

任务1：水稻和耕地。

材料1：水稻是一种高产的农作物。从生长习性来看，水稻喜温喜湿，在生长过程中需要充足的光照和热量，尤其需要大量的水分。水稻生产过程相对复杂，耗费劳动力较多，而且不太适合大规模的机械化经营。

材料2：耕地是由自然土壤发育而成的，一般是指能够种植农作物的土地，通常耕地分为水田和旱地，旱地又分为水浇地和无水浇地条件的旱地。在我国，水田主要分布于东部季风区内，而真正的大片水田主要集中在南方地区。

材料3：我国水田、旱地空间分布图，见湘教版地理选择性必修3《资源、环境与国家安全》第29页图2-6。

活动：①我国耕地分布有哪些特征？②请从地形、气候和人口分布等方面，分析中国南方水稻种植的区位条件。③结合所学知识，讨论中国南方地区水稻种植业的不利条件及其解决措施。

答案：①分布不均，东多西少，南方以水田为主，北方以旱地为主。②主要集中在平原和低山丘陵区，地形平坦；主要分布在热带、亚热带和温带季风区，全年高温或夏季高温，雨热同期；主要分布在人口稠密地区，劳动力丰富。③不利条件：水稻种植区有很大部分在低山丘陵地区，土地面积狭小，机械化种植难以推广。东部季风区，夏季风的不稳定性易导致旱涝灾害，对农业生产影响大。解决措施：发展适合山地地形的小型农用机械，兴修水利，等等。

任务2：南粮北运。

材料1："国以民为本，民以食为天。"粮食是人民群众的基本生活资料，也是维系国家安全的重要物资。改革开放以来，随着经济和人口的快速发展，城镇化率大幅提升，我国耕地总面积呈下降趋势。另外，我国水热资源不均衡，使得耕地资源区域差异大，引发人们对粮食安全的担忧。

材料2：自改革开放以来，我国粮食产量稳步增长，并通过粮食跨区域调配，解决粮食生产与消费空间配置不均衡问题。20世纪六七十年代以前，我国曾有"湖广熟，天下足"的说法，维持着"南粮北运"的格局，从南方调拨余粮到北方，保障北方地区居民的食用粮需求。然而，我国也面临着人均粮食占有量较少、粮食增产难度较大、粮食种植收益较低、粮食总体质量偏低等问题。

材料3：2015年我国各省级行政区耕地质量等级分布图，见湘教版地理选择性必修3《资源、环境与国家安全》第30页图2-7。

活动：①结合材料，请从耕地的角度分析人们为何会有对粮食安全的担忧。②分析20世纪六七十年代以前我国水稻"南粮北运"的原因。③结合图文信息，从资源角度分析我国南方和北方耕地的差异。

答案：①我国人均耕地数量少；耕地资源整体质量欠佳；耕地资源空间分布不平衡，水土资源配置欠佳；耕地后备资源数量少，质量差，开发利用难度大。②南方水热配置好，粮食单产高，能自给自足；南方人口密度较小，粮食需求量小，粮食生产有富余；北方气象灾害成灾率高于南方，粮食产量不稳定。③南方耕地数量少于北方；南方耕地质量优于北方；南方水热条件好，北方水资源缺乏，水土配置差。

任务3：北粮南运。

材料1：自改革开放以来，长江三角洲和珠江三角洲地区作为曾经的"鱼米之乡"，从传统的粮食主产区转型成为现代化的工业重镇，成为高度城镇化、工业化，人口大量涌入的地方，需要大量调入北方等地的粮食，形成了"北粮南运"的局面。

材料2："北粮南运"是指东北地区的粮食通过物流网络运往南方各地。近十年，东北水稻种植面积不断扩大，单产大幅提高，为保障国家粮食安全发挥了重要作用。富有黑土地的黑龙江成为中国最重要的粮食产区，中国50%以上的增产都来自黑龙江。东北大米是国内公认最好吃、健康、营养含量高的大米，目前正大规模地占据南方市场。

材料3：我国粮食生产格局图，见湘教版地理选择性必修3《资源、环境与国家安全》第35页图2-10。

活动：①在粮食单产增加的背景下，南方地区为何需要"北粮南运"来解决粮食问题？②试分析近年来东北地区水稻种植规模扩大的区位因素。③试分析东北大米好吃、健康、营养含量高的原因。④调查家乡的耕地面积变化，并提出保障耕地面积的措施。

答案：①城市化发展、生态退耕、环境污染等导致耕地数量减少和质量下降；农业结构调整，粮食耕种面积减少；农民耕种积极性下降，抛荒现象严重；等等。②东北大米品质好，市场需求量大；水稻单产高，价格高，经济效益好；全球气候变暖带来的热量条件改善；农业技术发展（耐寒水稻等良种培育）；农田水利设施改善；政策支持。③光照充足，昼夜温差大，有机质积累多；气温低，生长周期长，品质好；冬季气温低，害虫不易过冬，病虫害少；农业技术发展，水稻品质提高；水稻产区环境质量好，污染少。④耕地面积减少。出台基本农田保护政策，严格控制耕地转为非耕地；国家实行占用耕地补偿制度，占多少，垦多少；农村耕地整治，废弃宅基地进行复垦；整治非法占用耕地，恢复耕地属性；保护耕地环境，减少污染。

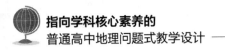

任务4：农业生产技术。

材料1：2016年11月，青岛海水稻研究发展中心成立，是国内首个国家级海水稻研发中心，该中心在胶州湾北部白泥地公园处设立30亩河水稻科研育种基地。据了解，野生海水稻最初在大江、大河的入海口被发现，具有不需施肥、抗病虫、耐盐碱三大特性，但需要攻克亩产低的现状，并且不同纬度、土地等状况，对海水稻要求千差万别，要实现大规模推广种植还需要攻关。

材料2：盐碱地是指土壤里面所含的盐分影响到作物生长的土地。我国盐碱地分布广泛，主要包括东部滨海盐土与滩涂，黄淮海平原盐渍土，东北松嫩平原盐土和碱土，半漠境内陆盐土，以及青海、新疆极端干旱的漠境盐土。我国目前有15亿亩盐碱地，其中有2亿亩具备种植水稻潜力，试种推广成功后，按照每亩产值200～300公斤计算，可增产粮食500亿公斤，多养活约2亿人。

活动：①描述我国盐碱地的分布特征。②分析在青岛设立海水稻研发中心的优势条件。③你是否赞同在中国沿海滩涂大面积推广海水稻的种植，请表明态度并说明理由。④请提出我国盐碱地资源可持续利用的对策。

答案：①我国盐碱地的分布不均匀，北方和西北内陆地区分布较多，青藏地区分布于中西部，南方地区分布较少。②胶州湾的滨海盐碱地面积广大，青岛与具备水稻种植潜力地区的自然条件更相似，有人才、技术保障和政策支持。③赞同：我国具备水稻种植潜力的盐碱地面积广大，海水稻种植可改良土壤；我国粮食缺口大，海水稻如能大量生产，可减少粮食进口；解决剩余农村劳动力就业问题。不赞同：沿海滩涂大多为我国经济较发达地区，海水稻经济效益低，不符合发展需求；破坏滩涂生态系统；技术难度高。④根据不同盐碱地资源情况，进行合理开发利用；立足盐碱环境，发展盐碱农业；加大科研投入力度，充分挖掘盐碱地盐生植物资源潜力；发展咸水、微咸水灌溉及水产养殖，充分利用水资源；因地制宜，积极推进盐碱地资源产业化开发利用。

任务5：水稻种植业可持续发展。

材料1：稻田综合种养将水稻种植和动物养殖有机结合，通过物种间互惠和资源互补利用，节约利用土地、增加经济产出并改善稻田生态环境。在我国各种稻田综合种养模式中，稻虾种养模式应用面积最大、总产量最高，所产稻米价格为在6～10元／千克，小龙虾均价为40元／千克，亩均收入7000元左右，带来良好经济效益和生态效益。

材料2：小龙虾适宜生长在16～32℃的水域，喜温避光，属杂食性动物。2000年开始，"中国小龙虾之乡"潜江市发明"虾稻共作+虾稻连作"模式。2013年，潜江龙虾获得"中国地理标志"认证，生产管理更加严格规范。2018年，潜江市成立了"虾稻大数据中心"，可对"虾稻种养—加工利用—冷链物流—市场销售"全产业链进行实时监测和追踪，实现产业发展的绿色高产高效和品牌保护。

材料3："稻虾共作"模式图（图3-12-2）。

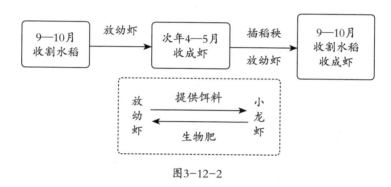

图3-12-2

活动：①分析潜江市"虾稻共作"产业迅速发展的原因。②评价潜江地区养殖小龙虾的自然条件。③说明推广"稻虾共作"生态种养模式对潜江农业发展的积极影响。④简述潜江"虾稻大数据中心"的建设对潜江虾稻全产业链发展的作用。⑤为实现可持续发展，请为潜江的"稻虾共作"模式提出合理化的建议。

答案：①"虾稻共作"构建生态农业，有利于保护和改善当地的生态环境；龙虾养殖顺应市场需求，提高了养殖户的经济收益；交通便利，储运技术先进。②有利：亚热带季风气候，气温适宜；地形低平，湖沼众多，养殖水域广；湖沼中水草、浮游生物多，食物来源丰富。不利：旱涝灾害多，导致小龙虾死亡或出逃，经营户利益受损。③减少化肥和除草剂的使用量，降低生产投入，提高经济效益；龙虾除草、虾粪肥田，保护生态环境。④实时监测生产状况，加强生产管理，保持生产稳定和保证产品质量；及时提供产品物流和市场信息，将绿色生产、现代物流与销售网络连成有机整体，保障全产业链的高效运转，实现品牌价值保护。⑤加大科研投入力度，保证稻虾良性生长；研究稻虾共生的生态环境，防治病虫草害；发展"互联网+"电商经济，拓展销售渠

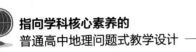

道；对小龙虾进行深加工；延长产业链，提高附加值；等等。

【评价设计】

1. 水平标准

水平标准见表3-12-2。

表3-12-2

评价指标	评价等级			
	水平1	水平2	水平3	水平4
综合思维	从简单、熟悉的区域中，能够从气候和地形自然因素分析其对耕地的影响	能够根据图文信息对给定的简单地理事象进行分析，认识耕地资源的区域差异和粮食区域调配的原因	能够对区域进行比较分析，能够从微角度解释东北大米品质好、单产高的原因，能够分析区域耕地变化的原因并提出保障我国粮食安全的措施	能够从现实地理事象，如家乡耕地面积变化、"稻虾共作"模式等对区域农业发展的影响，从时空综合、地方综合维度进行分析和系统性的解释
区域认知	能够根据中国水稻分布图和水田旱地分布图，辨识耕地类型和水稻分布的特点	能够从区域视角认识简单的地理事象，根据给定的资料分析南北方耕地及其他农业区位的差异	能够结合给定的复杂地理事象，从区域特征、区域联系等角度认知中国耕地质量等级和中国盐碱地分布差异	能够对现实区域地理问题，如家乡耕地利用、盐碱地资源开发等，进行全面评析，提出可行性建议
地理实践力	能够通过简单的观察和调查，了解和认识我国粮食安全状况	能够进行细致观察和调查，了解家乡水稻种植面积变化的原因并探究解决水稻种植中不利条件的措施	能够进行分类观察和调查，家乡耕地面积的变化，能够与他人合作，探究保障耕地面积的具体措施	能够进行系统的观察和调查，探索盐碱地资源可持续利用对策，提出潜江市"虾稻共作"可持续发展的合理化建议
人地协调观	能够结合简单、熟悉的地理事象，认识水稻等作物的生长习性与自然环境的关系	能够根据我国的南粮北运到北粮南运变化的格局，分析人类活动与地理环境的关系	能够结合盐碱地资源利用、海水稻种植以增产粮食等案例，理解区域人口、粮食和环境之间的辩证统一的关系	能够结合国际形势和国情，论证我国粮食安全的影响因素，认识到人地协调发展及保障粮食安全的重要意义

2. 习题与评测

例1 读有关资料，回答下列问题。

材料1：粮食生产的空间转移系数是衡量一个地区一段时间内的粮食生产变

化，根据该指标的大小可将不同粮食生产区域划分为粮食生产转出区、粮食生产稳定区和粮食生产转入区三类。粮食生产转出区是指粮食生产呈现相对退化趋势的地区，粮食生产稳定区是指粮食生产维持在相当水平的地区，粮食生产转入区是指粮食生产具有稳步增长趋势。

材料2：20世纪六七十年代以前，我国曾有"湖广熟，天下足"的说法，维持着"南粮北运"的格局，从南方调拨余粮到北方。改革开放后，长江三角洲和珠江三角洲地区从传统的粮食主产区转型为现代化的工业重镇，需要大量调入北方等地的粮食，形成了"北粮南运"的局面。从2001年到2015年，山东省从粮食生产转出区变成粮食生产转入区，青海省从粮食生产转入区变成粮食生产转出区，浙江省一直属于粮食生产转出区。

材料3：浙江省首部粮食安全地方性法规《浙江省粮食安全保障条例》于2019年1月1日起施行。该条例从耕地保护、提高粮食综合生产能力、粮食储备、应急与监管等方面作了基本规定，明确了相应的法律责任。

1.判断山东省和广东省两地所处的自然带，简述产生这种差异的原因。

2.山东省近年来粮食生产稳步增长，从气候的角度分析影响山东粮食作物生长的有利和不利条件。

3.简述青海省粮食生产从转入区变为转出区的可能原因。

4.浙江省2001—2015年一直属于粮食生产转出区，阐述其提高粮食安全可采取的合理措施。

答案：1.山东处于温带落叶阔叶林带，广东处于亚热带常绿阔叶林带。原因：受纬度（热量）影响，气温从低纬到高纬逐渐降低。

2.有利条件：山东地处温带季风气候，夏季高温多雨，雨热同期。不利条件：季风不稳定时，易遭受旱涝灾害；由于纬度较高，易受寒潮影响。

3.原因：退耕还草还牧；农业生产结构的调整；由于城市化发展，耕地面积减少。

4.加强立法，保护耕地；发展农业科技，提高粮食产量；做好粮食储备工作；加强农田水利建设，提高防灾减灾能力。

例2 阅读材料，回答下列问题。

材料1：海南省是我国栽培水稻起源地之一，自然条件优越。"杂交水稻之父"袁隆平院士的科研团队在海南省三亚市建有水稻育种试验基地，在此选育了多个高产杂交水稻品种。海南省稻作以"一年一熟"为主,"一年二熟""一年三熟"仅分布在水源充足地区且总种植面积不大。目前海南省稻米缺口仍然较大。

材料2:表3-12-3为海南省和湖南省2019年水稻生产的相关数据。

表3-12-3

省份	海南	湖南
水稻占农作物播种面积比重(%)	34.0	47.5
水稻播种面积(千公顷)	229.7	3855.2
水稻产量(万吨)	126.5	2611.5
人均水稻产量(千克)	133.9	377.5

1.湖南省与海南省拟加强杂交水稻育种试验合作,指出两省各自的优势条件。

2.说明海南省大部分地区水稻种植以"一年一熟"为主的原因。

3.目前海南省稻米缺口仍然较大,试分析其社会经济原因。

答案:1.湖南省:水稻科研力量雄厚;地域范围广,水稻播种面积大,试验推广条件好。海南省:全年高温,热量条件好(生长期长),育种周期短;野生稻种丰富;环境质量好,育种试验自然条件好。

2.大部分地区水源不足,水利设施不完善;夏秋多台风,降低了农民种两季或三季稻的积极性;一些地区除种一季稻外,其他时间种植附加值更高的经济作物。

3.大部分地区水稻种植以"一年一熟"为主,蔬菜、瓜果等经济作物播种面积比重大(水稻播面比重较小),稻米的需求量大。

案例十三 污染跨境转移对 环境安全的影响

临海市灵江中学 胡安一

【课标溯源】

（选必3）结合实例，说明污染物跨境转移对环境安全的影响。

【教学内容】

1. 结合图表和案例，了解污染物跨境转移的现象。

2. 结合图表和案例，认识污染物跨境转移对环境安全的影响。

3. 结合实际，理解中国及其他国家对跨境污染物处理的方法和态度。

【学习目标】

1. 结合原理示意图与区域图，认识污染物跨境转移的基本形式、方向和原因，培养区域认知能力。

2. 通过学习能正确认识污染物跨境转移对环境安全和国家安全的影响，培养综合思维能力。

3. 能够有针对性地对本地开展环境调查，描述当地污染物跨境转移的现象，形成处理地理信息的基本能力，落实地理实践力。

4. 从全球视角关注国际合作中的区域差异，正确认识不同国家应对措施与区域发展背景之间的关系，并从中国的角度出发理解中国对跨境污染物处理的方法和态度，树立正确的人地协调观。

【教学重点】

1. 了解污染物跨境转移的主要形式。

2. 正确认识其对环境安全的影响。

3.探讨国际合作应对污染物跨境转移的措施。

【教学难点】

对污染水平与经济发展的辩证思考，以及国与国之间如何采取措施体现"共同但有区别的责任"这一原则的正确理解。

【教学设计构想】

教学设计构想见图3-13-1。

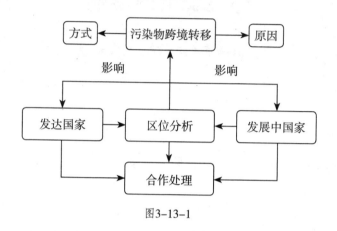

图3-13-1

【教学任务】

教学任务见表3-13-1。

表3-13-1

任务	活动	设计意图	素养水平要求
任务1：污染物跨境转移的基本形式、方向和原因	发现问题：通过观看中国进口洋垃圾的新闻视频，了解污染物跨境转移的基本形式、方向和原因	以真实情境引发学生思考，激发其学习兴趣，培养其观察、获取、描述和分析地理信息和地理事象的能力	区域认知水平2 综合思维水平2
任务2：污染物跨境转移对发展中国家的影响	合作探究：结合"长三角电子垃圾拆解基地——台州"和"电子垃圾拆解第一镇——贵屿镇"材料，思考污染物跨境转移的危害，以角色扮演开展讨论	通过对实际案例进行分析，培养学生区域认知能力；以角色扮演代入，辩证综合地思考问题，培养学生的地理实践意识和综合思维能力	区域认知水平3 综合思维水平4 人地协调观水平2

（续表）

任务	活动	设计意图	素养水平要求
任务3：国际合作应对污染物的跨境转移	自主探究：从发展中国家和发达国家的不同角度思辨如何开展国际合作以应对污染物跨境转移问题	通过对国际合作解决污染物跨境转移问题的思考，认识区域发展差异及问题解决措施的区域差别	区域认知水平2 综合思维水平4
任务4：电子垃圾之都涅槃记	自主探究：结合材料，为贵屿镇今后进一步可持续发展提出合理的建议	通过获取和解读信息，培养学生对地理事象的综合分析能力，提升其创新意识与和谐发展的观念	地理实践力水平3 人地协调观水平4

【教学活动示例及说明】

任务1：污染物跨境转移的基本形式、方向和原因。

材料：海关查获洋垃圾新闻。

2022年7月，广州黄埔新港海关查获185吨"洋垃圾"。黄埔新港海关根据风险布控指令对一批申报进口的"铜矿"进行查验和固体废物风险排查。经专业机构鉴定，该批"铜矿"申报铜含量20.02%，实际检测铜含量仅0.024%，属于国家禁止进口的"洋垃圾"。

2022年6月17日凌晨，南宁海关缉私局联合深圳海关缉私局开展打击固体废物走私专项行动，在广西南宁、贺州，广东深圳、惠州等地实施统一集中抓捕，打掉一个涉嫌走私固体废物的犯罪团伙，现场查获涉案固体废物203.26吨。

活动：①污染物跨境转移有哪些形式？请举例说明。②污染物跨境转移的方向一般是什么？为什么？

答案：①通过河流、海洋或大气等自然环境中的介质进行转移，如大面积酸雨区的形成、海上石油泄漏、跨境河流的水污染等；通过人为的方式转移，如污染物的直接出口、污染设备和产品的转移，以及污染行业的输出等国际贸易和国际投资行为等。

②见图3-13-2、图3-13-3。

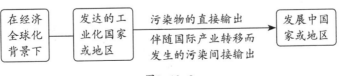

图3-13-2

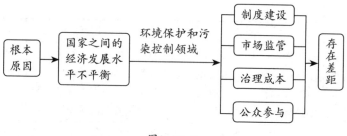

图3-13-3

任务2： 污染物跨境转移对发展中国家的影响。

材料1： 长三角电子垃圾拆解基地——台州。

台州椒江港码头的"名闻遐迩"，源于那一船一船来自各地的电子垃圾，除了美、日、韩等国的"洋垃圾"外，更有上海、江苏、浙江等地数量众多的电子垃圾。

路桥区峰江镇，保时捷等4S修理店与一家家弥散着金属腐臭、堆满垃圾的堆场比邻而居。1斤英特尔的芯片可以拆出3克多黄金，工业黄金卖出去能赚几百元。在一家不规范的蓄电池生产作坊中，工人将废旧电池拆开，随意倾倒其中的硫酸，随后将铅板扔进熔炉，大火焚烧时黑烟四处弥散……村里杂货铺老板老王说，这块地几年前就种不出什么粮食了，村里人也不在乎，他们几乎每家每户都在搞电子废料，白天以拆解为主，晚上多为焚烧，臭味久久不息。电子垃圾中包含铅、镉、水银、铬、聚氯乙烯，全都有毒，会损伤大脑，并引发癌症。这里是江浙一带最大的电子垃圾拆解基地，被海外媒体称为电子垃圾的"切尔诺贝利"。

材料2： 电子垃圾拆解第一镇——贵屿镇。

广东省汕头市贵屿镇被称为"电子垃圾拆解第一镇"，每年成千上万的货船满载着来自欧洲、日本、北美的电子垃圾来到这里，电子废品的回收既是当地人们的谋生手段又是发家之路。据统计，贵屿拆解电子垃圾鼎盛时期每年产值近10亿元，占全镇工业总产值的90%以上，上缴税款1000万元。

贵屿镇也为急速发展的经济繁荣付出了巨大代价，电子垃圾含有大量重金属等有毒有害物质，手工拆解、焚烧、填埋等方式使得污染物质进入环境中。2010年的一项研究显示，贵屿镇6岁以下的乡村儿童有81.8%都患有铅中毒病症，当地癌症多发，妇女流产率是其他地区的6倍。据统计，一些危险废品在非洲处置大约需要40美元一吨，而在欧洲需要4～35倍的费用，在美国为12～36倍的费用。通过废品国际贸易，发达国家在节省处理费用的同时还可以获得巨额利润。

活动：①分组合作讨论，要求：一是角色分配：发展中国家（如贵屿镇镇政府），发达国家（电子垃圾输出国）。二是组织形式：先独立思考，再小组讨论；组内讨论，达成共识，记录观点；选派代表，交流成果。②探究任务：从扮演的角色出发，结合材料和所学知识，谈谈是否赞同电子垃圾贸易。请表明观点并说明理由。

任务3：国际合作应对污染物的跨境转移。

材料1：作为全球首部规范危险废物越境转移的国际公约——《控制危险废物越境转移及其处置巴塞尔公约》，遵循"共同但有区别的责任"的原则，为实现国与国之间的有效合作提供了基本的制度保障.

材料2：为应对废塑料污染问题，中国采取了众多的行动，在禁止塑料类"洋垃圾"进口的同时，制定了多项政策从源头控制废塑料产生。同时，禁止进口塑料类"洋垃圾"对发达国家废塑料处理造成了较大的影响，发达国家纷纷出台相应的政策应对。

活动：你认为发展中国家可以采取哪些措施来应对"废塑料"等污染物的跨境转移？发达国家呢？

任务4：电子垃圾之都涅槃记。

材料：2016年，在汕头市环保部门和各界的大力推动下，总计投入12亿元建设的循环经济产业园全面投入使用，贵屿镇开始从粗放发展驶入循环发展的"快车道"。入园企业依据"五个统一"进行绿色生产：统一规划、统一建设、统一运营、统一治污、统一监管。产业园区引进中国节能环保集团公司等企业，引入了火法冶炼和湿法冶炼等国内外先进技术，升级拆解技术，以及完善电子废旧物回收利用工艺流程，以解决焚烧酸洗提取贵金属过程中产生的废气、废水污染问题。

贵屿镇曾遭到破坏的环境也在同步修复治理。龙港、渡头等村（社区）共96亩基本农田进行土壤修复，种植农产品中重金属的含量达到国家食品卫生标准。为解决垃圾围城问题，贵屿镇还配套建设了多个垃圾压缩转运站并投入使用。

活动：请你为贵屿镇进一步可持续发展提出合理化建议。

【评价设计】

1. 水平标准

水平标准见表3-13-2。

表3-13-2

评价指标	评价等级			
	水平1	水平2	水平3	水平4
综合思维	能够从自然和人文地理等角度认识污染物的跨境转移	能够从多个地理要素相互影响、相互制约的角度分析污染物跨境转移，并给出简要的地域性解释	能够说明常见环境污染跨境转移产生的原因，并构想解决这些问题的主要途径	能够从全球视角分析污染物跨境转移产生的原因，分析其对国家安全的影响，综合分析通过国际合作解决污染物跨境转移问题的有效途径
区域认知	能够根据材料，认识和归纳污染物跨境转移的基本形式、方向和原因	能够收集整理区域重要的信息，从区域的视角认识污染物跨境转移并能解释其主要成因	能够结合案例，分析某污染物跨境转移对区域发展造成的影响，对其应对措施的合理性进行论证	能够从转入国和转出国的角度分析污染物跨境转移的原因。从维护区域环境安全的角度提出解决问题的措施
地理实践力	能够获取和处理信息，描述当地污染物跨境转移的现象	能够获取和处理信息并与他人交流合作，掌握分析污染物跨境转移原因的基本方法	能够收集相关资料，对解决污染物跨境转移问题提出构想，主动发现问题并探究地理问题	能够有针对性地开展环境调查，并结合资料信息对解决污染物跨境转移问题提出具体的建议，展现出较强的实践应用和行动能力
人地协调观	能够理解人类活动与区域环境的关系，理解应对污染物跨境转移的重要意义	能够阐述污染物跨境转移对区域发展的影响，理解区域可持续发展的重要性	结合给定的实例说明应对污染物跨境转移的重要性，正确认识不同国家在这个过程中应尽的责任	结合污染物跨境转移的实例，能够从国家安全的高度理解国际合作的重要性，建立和谐发展的观念

2. 练习和测评

例1 阅读材料，回答下列问题。

酸雨是一种跨越国境的污染物，它可以随同大气转移到1000千米以外甚至更远的地区。挪威矿物能源使用量不大，但其南部却是欧洲酸雨严重的地区之一。

1. 分析挪威南部成为欧洲酸雨严重地区之一的主要原因。

2. 列举在欧洲有效控制酸雨的措施。

答案：1. 该地区为温带海洋性气候，全年降水较多；受盛行西风的影响，工业废气由排放源地向东北扩散；挪威南部是工业废气的扩散区。

2. 使用清洁能源，使用废气净化设备，减少酸性气体的排放；加强国际合作，共同防治。

例2 阅读材料，回答下列问题。

材料1：近日，辽宁大连海关截获的23.71吨“洋垃圾”在大连港码头被退运出境。网友纷纷表示：“支持！拒绝洋垃圾！”据了解，这票名为“皮革废碎料”的货物未经海关申报，且为我国禁止进口的固体废物。“洋垃圾”大量囤积在我国境内带来多种危害，是我国环境问题的重要源头之一。

材料2：国家邮政局监测数据显示，2020年我国全年的快递共产生了1600多万吨的“天量”固态垃圾，相当于约1.5亿个成年人的体重。目前，快递包装材料总量庞大、种类较多，消耗增长迅速，过度包装、层层叠加、“大材小用”的现象较为普遍，过度包装不仅消耗大量资源，还产生大量垃圾。国家统计数据显示，近些年，因快递包装产生的垃圾增量占生活垃圾增量的80%以上。大量快递包装垃圾造成严重环境污染。

1. 根据材料1，说明“洋垃圾”入境对我国产生的危害。

2. 根据材料2，针对上述问题，请你提出合理的解决措施。

答案：1.“洋垃圾”堆放占用有限的土地资源；堆放和处理过程中产生次生污染，加大环境压力；部分“洋垃圾”直接进入市场流通，危害人体健康；回收加工再销售的产品质量不稳定，存在严重的安全隐患；低价销售的“洋垃圾”产品扰乱市场秩序；等等。

2. 开发可降解（环保）的包装材料，实行绿色包装；实行快递包装材料分类回收，提高利用率；在确保物品不受损的情况下，实行适度包装；增强消费者环保意识，提高使用可降解包装材料的自觉性；加大对快递包装垃圾的无害化处理；加强政府的宏观调控和监督管理；等等。

案例十四 "盐荒"：资源短缺与国家安全

临海市杜桥中学 李聪

【课标溯源】

1.（选必2）结合实例，解释内外力对地表形态变化的影响，并说明人类活动与地表形态的关系。

2.（选必3）以某种战略性矿产资源为例，分析其分布特点及开发利用现状。

3.（选必3）结合实例，说明自然资源的数量、质量、空间分布与人类活动的关系。

【教学内容】

1.了解我国盐矿资源的现状，根据材料分析各地盐场呈现不同景观原因。

2.结合案例，分析不同类型盐矿的区位特点。

3.认识不同区域选择不同盐矿开采食盐的原因，以及盐与我们生活的息息相关。

【学习目标】

1.结合资料，说明自然资源的概念、分类及分布特征，能够描述某种矿产资源的时间变化和空间分布特征。

2.结合具体案例，分析不同区域自然资源开发利用及其对人类活动的影响，增强对地理环境整体性和区域差异性的认识，培养地理综合思维和区域认知能力。

3.结合资料，分析人类活动对矿产资源积极或消极的影响，培养对矿产资源的忧患意识，形成人地协调观。

【教学重点】

盐矿不同种类和成因分析及"缺盐"的解决措施。

【教学难点】

区域自然地理环境特征和人类活动地域特点及其与矿产资源形成、开发利用以及解决资源短缺问题之间的关系。

【教学设计构想】

教学设计构想见图3-14-1。

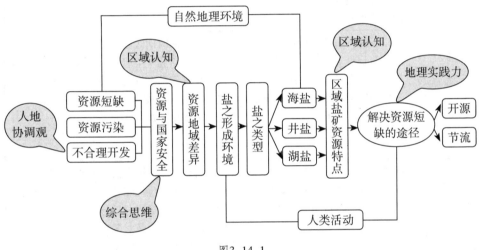

图3-14-1

【教学情境】

盐，看似普通的晶体，却以不同的色彩和生产方式，在大地上构筑成优美壮阔的盐景观，同时在不断地催生着不同的文明。近年来，随着社会的发展，人们对盐的品质、类型等要求越来越高，于是就引发了近年来的"盐短缺"问题。

本案例主要从盐景观、盐类型以及盐矿开发中遇到的问题等角度来分析现代盐类短缺对我们日常生活的影响，以及我们如何应对此问题。

【教学任务】

教学任务见表3-14-1。

表3-14-1

任务	活动	设计意图	素养水平要求
任务1：探秘最美盐湖——"玫瑰湖"	问题思考：塞内加尔的"玫瑰湖"颜色最艳丽的季节是哪一季？分析该湖形成原因及其形成的区位。当地采盐业可能面临的主要问题是什么？如何实现区域的可持续发展？	通过认识某特殊自然现象的形成过程，培养学生辨析其发展变化成因和系统看待地理问题的能力	区域认知水平2 综合思维水平2
任务2：永不"盐"弃：千年盐都的华丽转型	讨论探究：讨论分析自贡市盐业由兴起到衰落，然后通过一系列措施再次繁盛的主要区位条件；其成功转型对我国其他资源枯竭型城市有哪些借鉴意义	通过对不同时期区域发展的认识，培养学生综合思维，使其用动态发展的眼光看待问题，同时树立正确的人地协调观	区域认知水平3 综合思维水平4 人地协调观3
任务3：解码宝岛布袋盐场的长盛密码	问题探究：与同纬度的太平洋相比，分析台湾海峡海水盐度的特点及原因；分析布袋盐场可持续发展的措施	通过解读和获取图文资料信息，培养学生从综合维度对地理事象进行分析与解释的能力，以及对区域可持续发展的正确认识	区域认知水平2 综合思维水平3
任务4：我国食盐产量现状	问题思考：我国第四纪盐湖分布的主要特征并分析原因。分析近年来食盐产量的变化特征并分析可能原因	通过分析实际案例，培养学生主动探索地理知识的能力，同时加深对人类活动与地理环境相互关系的认识	综合思维水平2 地理实践力2 人地协调观3

【教学活动示例及说明】

任务1：探秘最美盐湖——"玫瑰湖"。

材料1：塞内加尔位于非洲最西端，是世界不发达国家之一，但这个国家有丰富的食盐资源，是西非最大的产盐国，其中很大一部分盐产自雷特巴湖。雷特巴湖更为人熟知的名字是"玫瑰湖"，每年随着季节变化，湖水的含盐度会发生改变，它的颜色也会呈现出从淡绿到深红的色调。在光照充足以及丰富的矿物质吹来时，它们呈现出如同绸缎一般的粉色，"玫瑰湖"的名称也由此而来。

材料2："玫瑰湖"坐落在白色的沙丘和蓝色的大西洋之间，是一个浅潟湖。由于盐度高，"玫瑰湖"成为当地居民采盐的富矿。来到"玫瑰湖"，你就会看到皮肤黝黑的男人赤膊驾着小舟在粉红色的湖水中采盐，湖岸边堆满采上来的盐，身着艳丽衣裙的女人在白花花的盐丘边辛苦忙碌着……

材料3：图3-14-2为塞内加尔"玫瑰湖"景观。

图3-14-2

活动：①试判断"玫瑰湖"颜色最艳丽的季节是哪一季，并分析原因。②简述"玫瑰湖"形成的区位因素。③试分析当地采盐业可能面临的主要问题，以及如何实现区域的可持续发展。

任务2：永不"盐"弃：千年盐都的华丽转型

材料1：自贡位于四川盆地南部，是一座因盐而生的城市，距今已有两千多年的开采井盐历史。自贡地区蕴含的盐资源属于矿井盐，盐矿都深埋在地下数十米，乃至数百米甚至上千米深，储量十分丰富。在千百年的劳动实践中，自贡人民发明并总结了一套挖凿盐井的技术，其中最具代表性的当属冲击式顿钻凿井法，该方法发明于北宋庆历年间。《中国钻探科学技术史》在第58页明确记载着："清代井盐钻井技术深钻技术在自贡地区获得了重大的技术突破。它被国内外学术界誉为'现代钻井之先河'，无愧于称为中国的第五大发明。"其钻井技术在国际上领先数百年至一千多年。

材料2：尽管有着农耕文明时代最高的技术水平与较为成熟的规模化生产，自贡历史上的井盐产业却终究还是没能靠自身的内生动力实现工业化的转型。近现代尤其是工业革命以来，外部世界的工业化生产大潮将制盐业推向了新的高潮，自贡出现了前所未有的危机。

材料3：为了能够获得重生，自贡盐业进行了多元化的改革尝试。体制创新完成后，就马上进行了技术创新，及时引进欧美最先进的采盐设备，同时利用高科技和生物技术进行盐产品深加工，开发品种盐。"过去的第一代盐产品只是往食用盐里加一点调味品，形成调味盐，后来慢慢开发出了泡脚盐、洗脸盐，以及食用方面的营养盐。盐现在已经进军化妆品领域了，根据盐的特性不断研发新品种来满足消费升级、消费差异化的需要，产品的附加价值比以前有了极大提高"。

自贡还开发了位于大安区的"老盐厂1957"文旅项目。这里对老厂房进行了现代化的艺术渲染。园区内，老盐厂项目的整体改造投入约为两亿元，一期明年春节就开始运营，主要以文化业态为主，包括书吧、茶吧及文创园，届时，将陆续引进国内外的美术作品展，并于明年在园区内举办大型的恐龙文化节。

活动：①分析自贡能够成为中国"盐都"的区位条件。②试分析近代以来自贡盐业出现明显衰退现象的原因。③自贡市采取了哪些措施使得其盐业恢复了往日的活力？这对我国其他资源枯竭型城市转型发展有哪些启示？

任务3：解码宝岛布袋盐场的长盛密码。

材料1：8月份世界海洋表层水温分布图。（见湘教版必修第一册第四章第二节图4-10）

材料2：作为台湾地区最大的盐场，布袋盐场自古就被称为中国的"东南盐仓"，与其他盐场不同的是，布袋盐场与好美寮自然保护区连成一体，成为鹭科鸟类和来台过冬的冬候鸟最重要的觅食场所，也是赏鸟的绝佳地点，形成特殊的产业景观。为了及时适应市场的变化，布袋盐场和其他地区的盐田一样，当地盐工几乎已经被机械化晒盐所取代，布袋的盐业因此式微，偌大的盐埕上已看不到晒盐、采盐的景象，而穿梭在盐埕中的小火车，也早已功成身退了。

活动：①说明台湾海峡冬、夏季表层盐度分布特征的异同点，并分析造成冬、夏季盐度差异的原因。②根据材料2试分析布袋盐场采取了哪些措施保证了当地的可持续发展。

任务4：我国食盐产量现状。

材料1：我国食盐的产地分布很广，而且种类繁多，有海盐、湖盐、井盐等，我国年消耗食盐约700万吨。据统计，仅柴达木盆地的察尔汗盐池开采出来的食盐，足够我国14亿人口食用4000多年。表3-14-2为我国主要食盐类型占市场总量的比重数据。

表3-14-2

海盐	湖盐	井矿盐
15%～20%	5%～10%	70%～75%

材料2：图3-14-3为近年来我国食盐产量统计图

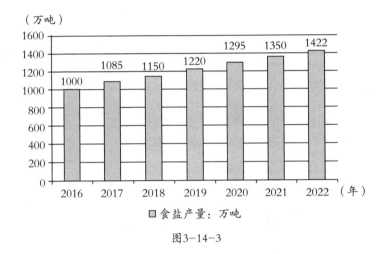

图3-14-3

活动：①分析我国第四纪盐湖分布的主要特征及原因。②分析近年来食盐产量的变化特征及原因。

【评价设计】

1. 水平标准

水平标准见表3-14-3。

表3-14-3

评价指标	评价等级			
	水平1	水平2	水平3	水平4
综合思维	能够从地理位置、资源和环境等角度认识和理解区域发展的基本情况	能够通过图文信息认识并理解不同区域发展阶段的差异并分析其成因	结合区域案例，综合分析地区发展中可能存在的问题，提出可行性解决措施	能够对不同类型"缺盐"城市进行系统对比分析，并且能够针对不同地区存在的问题提出相应可行性措施

（续表）

评价指标	评价等级			
	水平1	水平2	水平3	水平4
区域认知	能够根据图文材料，认识和归纳区域特征，明确其特征形成的主要区位因素	结合给定区域信息，能够从区域视角认识区域发展的阶段性特征并分析影响其兴衰的主要区位因素	能够结合给定的案例信息，从不同时空尺度来评价此地区发展的区位条件，并对资源型城市区位条件的改变做出评价分析	能够对不同"盐矿"城市的转型发展进行评价分析，并结合经验教训对不同区域的可持续发展制定出可行性的发展策略
地理实践力	能够用观察、调查以及查阅图文信息等方法收集和处理地理信息，有发现和提出问题的兴趣	能够对地理信息进行分类和整合，与他人合作完成地理实践活动方案，独立思考并选择合适的实践区域与工具	能够设计实践活动方案，学会在复杂的图文信息中提取隐藏的地理信息，掌握解决问题的基本方法	通过对某个区域的实践活动以及对复杂问题的梳理与分析，能够针对不同资源枯竭型城市发展中遇到的问题提出可行性的解决措施
人地协调观	能够理解人类活动与区域发展之间的关系，并说明人类活动对区域发展的影响	能够认识人类活动对资源枯竭型城市发展的有利和不利影响，理解区域可持续发展的重要性	能够分析案例中"缺盐"地区在发展中遇到的主要问题，从区域可持续发展角度提出可行性措施	能够将知识迁移应用于对不同区域不同时期发展中遇到的问题的分析评价，并提出可行性的解决措施

2.练习与测评

例题 阅读材料，回答下列问题。

运城盐池被称为"中国死海"，位于山西省唯一的内流区内，地处中条山山前断陷带。运城盐池自古就是中国食盐生产重地，民间有"南风起，盐始生"之说，近来考古学家在盐池附近发现了古代"池外有堤，堤外有滩，滩外有渠"的护宝堤堰体系。从20世纪80年代开始，运城盐池由食盐生产逐步转为盐化工生产。

1.根据材料试分析运城盐池晒盐的最佳季节并说明理由。

2.分别说明护宝堤堰体系"池外有堤，堤外有滩，滩外有渠"的作用。

3.试推测运城盐池食盐生产兴衰的主要原因。

答案：1.夏季。夏季气温高、蒸发强，有利于晒盐；盐池地处中条山北坡，夏季为背风坡，降水少，晴天多，光照时间长。

2. 堤：阻挡山洪（洪水）进入盐池；滩：发生洪水时，起到蓄洪、滞洪的作用；渠：发生洪水时，引洪水入河，起到导流和分洪作用。

3. 兴：古代食盐来源少，市场广阔；运城盐池盐度高，品质好，产量多。

衰：廉价的海盐大量开发冲击食盐市场，运城盐池附加值低。

案例十五　生态安全与自然保护区建设

浙江省临海市杜桥中学　蒋兵剑

【课标溯源】

1.（必修2）结合资料，归纳人类面临的主要环境问题，说明协调人地关系和可持续发展的主要途径及其原因。

2.（选必3）以某生态脆弱区为例，说明该类地区存在的环境与发展问题，以及综合治理措施。

3.（选必3）结合实例，说明设立自然保护区对生态安全的意义。

【教学内容】

1.结合实际案例，了解自然保护区建设的依据、类型、级别，并从自然地理环境的整体性角度分析其对生态安全的影响，形成综合思维。

2.通过观察或调查，了解身边、国内自然保护区的有关信息，并结合具体区域背景思考其存在的必要性，提升区域认知以及地理实践力。

3.根据所学知识，探究设立自然保护区如何维护生态安全，如何协调保护与开发，树立人地协调观。

【学习目标】

1.结合资料，认识建立自然保护区的意义，提高保护生物多样性的意识。（综合思维）

2.结合实例，了解建立自然保护区的依据和类型。（区域认知）

3.结合具体案例，分析自然保护区对生态安全的意义。（地理实践力）

【教学重点】

引导学生对自然保护区的规划依据、类型、级别进行了解，并在案例探究的基础上说明建立自然保护区的意义，特别是对生态安全的意义。

【教学难点】

对于不同类型、不同级别自然保护区存在意义的理解以及对"保护与开发"的辩证关系的理解。

【教学设计构想】

教学设计构想见图3-15-1。

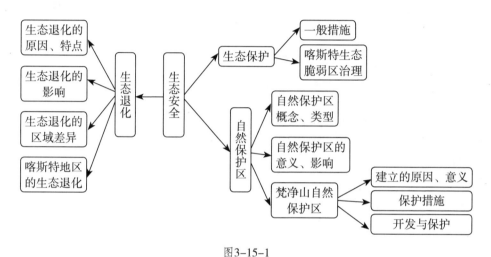

图3-15-1

【教学任务】

教学任务见表3-15-1。

表3-15-1

任务	活动内容	设计意图	素养水平要求
任务1：认识生态安全	生态安全是什么？生态安全与国家安全的关系如何？分角色思考：应采取哪些有效措施来保护生态环境？	通过观看视频，产生对生态环境问题的危机感，并初步树立生态安全意识，培养人地协调观	综合思维水平2 综合思维水平2
任务2：生态安全（土壤侵蚀）的区域差异	认识我国土壤侵蚀的主要类型及其分布，并分析各类土壤侵蚀的产生原因和影响；了解所在省区的土壤侵蚀问题，并结合当地环境特点，提出解决问题的对策建议	以我国的主要生态问题——土壤侵蚀为例，探讨不同区域土壤侵蚀的原因并分析对策，培养区域认知和综合思维能力	区域认知水平2 综合思维水平3

（续表）

任务	活动内容	设计意图	素养水平要求
任务3：生态脆弱区——喀斯特地区	试从地质、气候、生物等方面综合分析喀斯特地貌的形成原因，分析喀斯特地貌广布对贵州经济发展的影响，简析治理石漠化的主要措施	从区域的视角对西南喀斯特生态脆弱区的地貌进行分析，培养要素综合、系统分析的综合思维能力	综合思维水平4 区域认知水平3
任务4：认识梵净山	了解梵净山的地理位置及其岩石组成，推测梵净山的形成过程，分析梵净山生物多样性丰富的原因	通过对实际案例进行探究，培养对地理事象从综合维度进行分析与解释的能力	区域认知水平3 综合思维水平3
任务5：自然保护区的设立——以梵净山为例	认识自然保护区的概念、类型和级别；梵净山自然保护区设立对保障生态安全的地理意义；从不同角度认识和分析人类、产业发展与生态保护的关系，探究如何实现双赢	通过对区域特征的认知、自然保护区开发与保护的辩证分析，培养综合思维能力，树立正确的人地观	综合思维水平4 人地协调观水平4
任务6：课外实践	组织学生课外开展自然保护区生态环境文化创意比赛，学生依据个人兴趣挑选任一自然保护区，设计该自然保护区生态环境保护的吉祥物、Logo或宣传标语等，并分享自己的设计	通过课外实践，培养地理实践力	地理实践力水平3 人地协调观水平3

【教学活动示例及说明】

任务1：认识生态安全。

材料：播放生态环境遭到破坏的视频。随着全球生态环境的不断恶化，生态安全问题已成为人类面临的严峻问题。

活动：①什么是生态安全？②生态安全与国家安全的关系如何？③面对生态系统遭到严重破坏和动植物物种加速灭绝的态势，人类应采取哪些有效措施来保护生态环境？请同学们分角色（政府官员、企业家、居民等）思考维护生态安全应采取的有效措施。

答案：①是指国家的生态环境处于不受或者少受破坏与威胁的状态。②生态环境遭受的破坏超过了其自身修复能力时，往往会造成不可逆转的后果；生态安全与经济安全、军事安全和国防安全同样重要，是国家安全的重要基石。③略。

任务2： 生态安全（土壤侵蚀）的区域差异。

材料：中国土壤侵蚀的分布图，见人教版地理选择性必修3《资源、环境与国家安全》第75页图3.18。

活动：①说出我国土壤侵蚀的主要类型及其分布范围。②分析各类土壤侵蚀产生的主要原因和影响。③你所在省区存在哪类土壤侵蚀问题？结合当地环境特点，提出解决土壤侵蚀问题的建议。

任务3： 生态脆弱区——喀斯特地区。

材料1：中国喀斯特地貌面积达344万平方千米，约占国土总面积的1/3。在这里，溶解30立方米岩石，只能生成1立方米土壤，95%的岩石物质在雨水溶蚀下流失。砂页岩红壤地区50年左右就可以形成1厘米厚度的土壤，在喀斯特地貌下可能要5000年到20000年。

材料2：为治理石漠化，贵州地区以小流域为单元，实行山、水、林、田、路统筹规划及综合治理，综合石漠化及水土流失变化规律，因地制宜，因害设防，同时立足本地气候优势，培育花椒、火龙果等特色耐旱经果林产业区。

活动：①试从地质、气候、生物等方面综合分析喀斯特地貌的形成原因。②简述喀斯特地区土壤侵蚀可能会带来哪些生态环境问题。③分析喀斯特地貌广布对贵州经济发展的影响。④简析治理石漠化的主要措施。

任务4： 认识梵净山。

材料1：2.2亿年以前，中国南方大部分地区尚是一片海洋，海洋中的生物碎屑不断堆积，形成碳酸盐岩。随后，太平洋板块与亚欧板块发生碰撞，中国南方崛起成陆，大量碳酸盐岩也出露地表，裸露区面积高达50万平方千米、总厚度10千米，如同一片由碳酸盐岩构成的"海洋"。6500万年前以来，印度板块与亚欧板块碰撞，贵州东北部强烈隆升，形成了武陵山脉，梵净山是其主峰。构成梵净山的岩石主要为板岩，形成于距今约8.7亿年前，是贵州最古老的岩石。

材料2：梵净山是全球同纬度生物多样性最丰富的区域，其最高峰凤凰山海拔2570.5米。受季风影响，梵净山年降水量高达1100～2600毫米。主要保护对象是以黔金丝猴、珙桐等为代表的珍稀野生动植物。森林覆盖率95%，有植物2000余种，国家保护植物31种，动物801种，国家保护动物19种，被誉为"地球绿洲""动植物基因库""人类的宝贵遗产"。

活动：①请描述梵净山的地理位置。②请分析梵净山的岩石组成并推测梵净山的形成过程。③分析梵净山生物多样性丰富的原因。④贵州省海拔超过两千米的山脉数量较多，有雷公山、乌蒙山、大娄山、苗岭等山脉，但是这些地区的生物多样性却比不上梵净山，也没有黔金丝猴、珙桐等特有物种。为什么梵净山如此独特？试分析原因。

答案：①略。②由变质岩组成。形成过程：地壳抬升形成页岩，下沉变质形成板岩，随着长期的海相沉积，板岩上覆盖了一层石灰岩；地壳抬升，石灰岩被流水侵蚀，板岩裸露。③纬度较低，热量充足；年降水量大，地表水丰富；海拔较高，垂直分异明显；受人类活动影响相对较小。④梵净山以难以被侵蚀的变质岩为主体，贵州的其他地区主要为石灰岩；石灰岩易被流水侵蚀，土层较薄，地表多裂隙，地表水极易下渗转化为地下水，因而严重阻碍植被的生长。此外，也和长期的人类活动有关系，因其独特的风光，自古以来就是少数民族圣山、佛教名山，生态环境保护较好。

任务5：自然保护区的设立——以梵净山为例。

材料1：梵净山保存了亚热带原生生态系统，森林覆盖率95%，是全球同纬度生物多样性最丰富的区域。区内有国家重点保护植物珙桐等21种，有国家重点保护野生动物黔金丝猴、红腹锦鸡等14种。梵净山的生态系统完整、平衡，且自成体系，对科研工作者来说，这里是一个极具吸引力的谜题。

材料2：梵净山历史悠久，是我国佛教五大名山之一。2008年6月，梵净山被评为中国十大避暑名山。2018年10月，梵净山获国家5A级旅游景区称号。

活动：①自然保护区的概念是什么？自然保护区的类型和级别有哪些？②梵净山自然保护区的设立对保障生态安全有哪些意义？③如果你是一只黔金丝猴，你觉得人类哪些活动会对你造成影响？你是否赞成旅游业的开发？④如果你是政府工作人员，你认为应如何实现生态保护与当地人民生活改善的双赢？

答案：①略。②略。③略。④加大宣传教育力度；实施区内退耕还林工程，拓展野生动物栖息地范围；适当开发生态旅游业，加强规范化管理；实施生态移民工程；实行生态补偿机制；聘请当地居民作为林管员和护林员；等等。

任务6：课外实践。

结合自然保护区的基本信息，包括保护区的名称、位置、面积、主要保护对象、生态学价值等内容，开展自然保护区生态环境文化创意比赛。

活动要求：依据个人兴趣，挑选任一自然保护区，设计该自然保护区的生态环境保护吉祥物、Logo或宣传标语等，并分享自己的设计。

【评价设计】

1. 水平标准

水平标准见表3-15-2。

表3-15-2

评价指标	评价等级			
	水平1	水平2	水平3	水平4
综合思维	能够简单说出生态安全的影响因素和意义，说明自然保护区的设立对生态安全的影响	能够结合区域图说明不同区域生态问题的具体表现和影响因素，能够从多角度理解自然保护区设立的地理背景	能够结合实际区域，多维度说明自然保护区设立的原因和对生态安全的影响，能够从多角度分析区域生态治理的相关措施	能够从整体性视角分析生态安全问题产生的原因与自然保护区建设的综合影响，深入探究区域保护与开发的协同发展举措
区域认知	能够根据不同区域生态问题的差异，认识和了解区域特征	能够收集整理区域的相关资料，简单说明区域面临的主要生态问题和治理措施	能够筛选出适当资料，对某区域的自然保护区设立是否合理进行论证	能够搜集全国或区域的环境信息，并解释自然保护区的设立对于国家或该区域的影响
地理实践力	能够获取和处理信息，查阅自然保护区、生态安全的相关信息	能够获取和处理信息并与他人交流合作，了解自然保护区设立和发展的过程	能够查阅相关文献，尝试运用所学知识对某区域自然保护区的建设与发展提出构想，在地理实践活动中能主动发现问题、探索问题	能够有针对性地开展野外环境调查，描述某自然保护区的现状，并结合资料对如何协调保护与开发提出建议，在地理实践活动中表现出较强的行动力
人地协调观	能够结合相关资料及经验，认识人类对生态安全和自然保护区的影响	能够结合相关区域，理解人类对生态安全的积极和消极影响	结合给定的保护区素材，说明建立保护区对生态安全的重要性，认识其存在对于协调人地关系的重要意义	能够结合实例，从国家安全的高度，理解生态保护区对于人地协调发展的重要性，建立和谐发展的观念

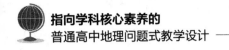

2. 练习与测评

例题 阅读材料，回答下列问题。

材料1：青海可可西里国家级自然保护区位于青海省玉树藏族自治州西部，总面积45000平方千米，是我国建成的面积最大、海拔最高、野生动物资源最丰富的自然保护区，被誉为"青藏高原珍稀野生动物基因库"。2017年7月7日，我国青海可可西里已获准列入世界自然遗产名录，可可西里这片"净土"将得到更好保护。

材料2：可可西里国家级自然保护区的位置简图（略）。

1. 请简要说明可可西里原始生态环境保存较好的原因。

2. 可可西里国家级自然保护区自然环境极其恶劣，但却成为藏羚羊等野生动物的栖息天堂。试分析其原因。

3. 请简述可可西里国家级自然保护区内众多冰川和湖泊的生态价值。

答案：1. 可可西里自然环境恶劣，在高寒缺氧的条件下，人类无法定居，人类活动对其影响极小，所以原始生态环境保存完好。

2. 夏季水草丰富，食物充足；天敌较少；远离人类居住区，有大面积的无人区，受人类活动影响小；国家保护政策的制定和实施；藏羚羊能适应高寒、缺氧、低压的环境。

3. 调节局地气候；为野生动物提供充足的食物和良好的栖息空间；是水资源的重要储蓄地，为保护区内动植物提供充足的水源。

案例十六 依海而生，向海而兴

浙江省临海市回浦中学 王玲

【课标溯源】

1.（必修2）结合实例，说明国家海洋权益、海洋发展战略及其重要意义。

2.（选必2）结合资料，说明南海诸岛是中国领土的组成部分，钓鱼岛及其附属岛屿是中国固有领土，中国对其拥有无可争辩的主权。

3.（选必3）结合实例，说明海洋空间资源开发对国家安全的影响。

【教学内容】

1. 明确海洋相关概念，了解当前海洋资源的主要开发利用方式。

2. 结合实例，说明海洋资源开发对国家资源安全和海洋国土安全的影响。

3. 通过社会调查或观看影像，体会海洋空间资源开发对国家安全的重要意义，说明维护国家领土主权和海洋权益的重要性。

【学习目标】

1. 辨析内水、领海、毗连区、专属经济区、大陆架、公海和国际海底区域等相关概念，知晓海洋空间的构成。

2. 结合材料，说出海洋开发方式随时空的变化，列举当前海洋资源开发利用的领域及主要方式，提升时空综合思维能力。

3. 通过案例探究，从不同的角度说明海洋资源开发对国家海洋资源安全和国土安全的影响，提升要素总结、地方综合思维能力，增强海洋是人类生存发展的第二空间的意识和人与海洋协调发展的观念。

4. 结合近些年发生的海洋争端事件，了解钓鱼岛及其附属岛屿、南海诸岛属于中国的立场和依据，说明维护国家领土主权和海洋权益的重要性。

【教学重点】

1. 当前海洋资源的主要开发利用方式。

2. 海洋资源开发对国家资源安全和海洋国土安全的影响。

【教学难点】

1. 海洋空间资源开发对国家安全的重要意义。

2. 结合错综复杂的国际海洋争端事件，培养学生树立全球意识和爱国情感。

【教学设计构想】

教学设计构想见图3-16-1。

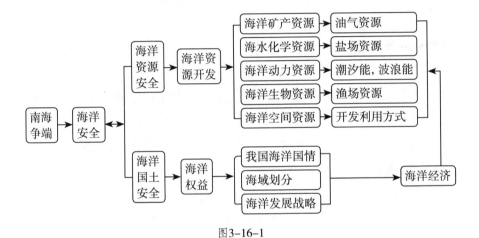

图3-16-1

【教学任务】

教学任务见表3-16-1。

表3-16-1

任务	活动内容	设计意图	素养水平要求
任务1：了解南海的地理位置	认识南海：描述我国南海区域地理位置的特点	了解学生对相关地理事象的认知基础，为深入探究地理问题做好准备	综合思维水平1
任务2：从资源角度，深入分析南海海洋国土的开发	海洋矿产资源：认识南海海域蕴藏的自然资源，推测我国南海油气资源开采过程中可能会遇到的自然困难，阐明对大力开发南海油气资源的态度与观点	从区域的视角培养读图分析、要素综合、系统分析的综合思维能力	区域认知水平2 综合思维水平3

（续表）

任务	活动内容	设计意图	素养水平要求
任务2：从资源角度，深入分析南海海洋国土的开发	海水化学资源：推测莺歌海盐场的分布位置，从自然环境角度分析在莺歌海开发盐场的有利条件	通过解读和获取图文资料信息，培养运用综合维度对地理事象进行分析与解释的能力	综合思维水平3
	海洋生物资源：简要评价西沙群岛渔业生产作业的自然条件，分析南海渔业资源量锐减的原因，认识中国南海伏季休渔政策对南海渔业的积极意义	通过对区域问题及因素的分析，培养合作探究的学习精神和思辨能力	区域认知水平3 综合思维水平4
	海洋动力资源：了解利用潮汐发电的基本过程，理解大万山岛开发海洋波浪能的意义	通过获取和解读图文资料信息，培养合作探究的学习精神和思辨能力	综合思维水平3 人地协调观水平3
	海洋空间资源：辨别海洋资源与海洋空间资源的相关概念；了解人类对海洋空间资源的开发利用情况，认识南海海域交通位置的重要性，分析利用海底储藏的条件；表明是否赞同南海地区进一步填海造陆，并说明理由	结合材料和案例，分析海洋开发方式随时空的变化，提升综合思维能力；从不同角度，探究海洋空间资源开发对国家安全的重要性，提升要素综合、地方综合的思维能力，增强海洋是人类生存发展的第二空间的意识，形成人与海洋协调发展的观念	综合思维水平2 地理实践力水平3 人地协调观水平4
任务3：以南海为例，学习海洋强国战略	查阅资料，概括我国海洋的基本情况；了解主权国家管辖海域的情况及其主要的权利及义务；理解维护我国海洋权益和加强海洋管理的重要举措，分析我国维护南海权益的地理意义	通过对海洋国情和权益的分析，学习我国海洋强国战略，思考协调海洋开发与海洋环境保护的对策，强化人地协调观	综合思维水平3 地理实践力水平3 人地协调观水平4

【教学活动示例及说明】

任务1：了解南海的地理位置。

材料1：南海，中国三大边缘海之一，位于中国大陆的南方，是我国主要的珊瑚礁、红树林等热带生态系统的分布区。南海自然海域面积约350万平方千米，为中国近海中面积最大、水最深的海区，平均水深1212米，最大深度5559米。南海南北纵跨约2000千米，东西横越约1000千米，北起广东省南澳岛与台湾岛南端鹅銮鼻一线，南至加里曼丹岛、苏门答腊岛，西依中国大陆、中南半岛、马来半岛，东抵菲律宾，通过海峡或水道东与太平洋相连，西与印度洋相通，是一个东北—西南走向的半封闭海。

材料2：永兴岛地理位置图，见湘教版地理选择性必修3《资源、环境与国家安全》第72页图2-62。

活动：描述南海地理位置的特点。

答案：位于北半球低纬度、热带地区；地处亚欧大陆的东南缘，太平洋西岸；西临越南，东临菲律宾，南临马来西亚和文莱；位于西太平洋和印度洋之间的航运要冲，具有重要的战略地位。

任务2：从资源角度，深入分析南海海洋国土的开发。

材料1：南海是我国四大海域中最大、最深、自然资源最为丰富的海区。据报道，中国海洋石油集团有限公司在南海深水东区成功测试永乐8-3-1井，百万方优质天然气流喷涌而出，这标志着中国在南海琼东南盆地深水东区勘探领域获得重大突破。

活动：①说出南海海域蕴藏的自然资源。②推测我国开采南海油气资源过程中遇到的自然困难。③南海海域油气资源丰富，你是否赞同大力开发南海油气资源？请说明理由。

答案：①矿产资源、生物资源、化学资源、动力资源等。②高温、台风（狂风、暴雨、风暴潮）、深水、高压等。③赞同：缓解我国能源短缺状况，保证能源安全，促进南海地区经济发展。不赞同：海洋油气开发难度大，风险系数高；邻国较多，易引发不必要的争端。

材料2：利用海水晒盐是人类利用海洋资源的重要方式。海南岛莺歌海盐场是我国三大盐场之一，年产食盐可达30万吨。

活动：查阅海南岛的地形与降水分布图，推测莺歌海盐场分布的位置，并从自然环境角度分析在莺歌海开发盐场的有利条件。

答案：西南部。纬度低，气温高；降水少，光照强烈，海水易于蒸发；位于沿海平原地带，地势平坦，有利于晒盐。

材料3：自古以来西沙群岛就是我国渔业生产作业的重要区域，但近年来南海海域渔获个体、渔获产量都急剧下降，即使大规模增殖放流，依然达不到可持续捕捞的水平。中国农业农村部渔业渔政局发布通知，2021年南海海域休渔时间为5月1日12时至8月16日12时。

活动：①简要评价西沙群岛渔业生产作业的自然条件。②简述南海海域渔业资源量锐减的原因。③说出中国南海伏季休渔政策对南海渔业的积极意义。

答案：①有利条件：西沙群岛附近海域广阔，海水浅；水温适宜，水质好，渔业资源丰富；气候适宜，可全年生产作业；离祖国大陆（海南岛）距离近。不利条件：多台风，多礁石。②为追逐经济利益，周边国家无序捕捞、盗鱼、过度捕捞，使鱼类不能休养生息；人类活动加剧，导致环境污染；往来船只以及周边国家岛屿建设破坏生态环境；缺少统一的政策管理。③减少过度捕捞对渔业资源补充有积极的影响；保障远洋渔业资源休养生息，践行海洋资源的可持续利用；引起周边国家关注，促进国际合作，共建南海渔业秩序。

材料4：海洋可再生能源属于无碳能源，包括潮汐能、波浪能、温差能、盐差能和风能等多种形式。潮汐能发电与普通水力发电的原理类似，海水通过利用高、低潮位之间的落差推动水轮机旋转，带动发电机发电。图3-16-2为潮汐能发电站的原理。"长山号"是自然资源部有史以来投资最大的南海兆瓦级波浪能示范工程的核心发电装置，于2020年6月30日进驻位于广东珠海正南约40千米处的大万山岛，打造我国首个、亚洲一流、国际先进的波浪能发电试验场。

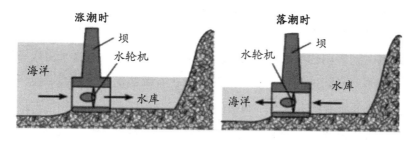

图3-16-2

活动：①说明利用潮汐发电的基本过程。②简述大万山岛开发波浪能的意义。

答案：①涨潮时，海面水位高，海水从海洋流入水库，推动水轮机发电；落潮时，海面水位低，海水从水库流向海洋，推动水轮机发电。②改善岛上居民用电，提高生活质量；缓解岛屿能源不足，促进海岛开发，调整能源利用结构；带动相关产业发展，提高就业率，促进经济社会可持续发展；波浪能属于清洁能源，利于保护岛屿生态环境；减少大陆电能长距离输入，节约输电成本。

材料5：我国自主设计的挖泥船"天鲸号"在顺利交付后的20个月内，完成了14平方千米的填海造陆，在南海填出了8座人工岛屿，主要分布在南沙群岛。在各岛屿上，我国陆续兴建了海港、机场、通信设施、学校、医院、银行、超市等基础设施。图3-16-3为海洋空间资源开发与利用示意图。

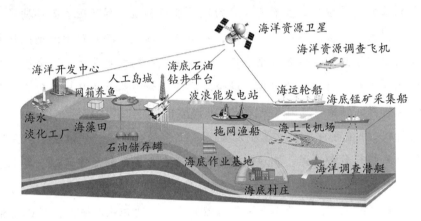

图3-16-3

活动：①辨别海洋资源与海洋空间资源的概念。②说出海洋空间资源包括哪些地理区域。③思考人类为什么要开发海洋空间资源。④举例说明人类开发海洋空间资源的方式。⑤指出南海海域交通位置的重要性。⑥分析我国在南海填海造陆需具备的条件。近年来，部分学者对南海地区是否要进一步填海造陆持不同观点，请表明你的观点，并说明理由。⑦海底仓库是未来海南省储存物品的方式之一。与陆地环境相比，海底储藏具有哪些优点？⑧说一说，人类开发海洋空间资源有哪些有利与不利条件？

答案：①海洋资源是指海洋中的生产资料和生活资料的天然来源。海洋空间资源是海洋生物资源、海水化学资源、海洋石油天然气及其他矿产资源等海洋资源赋存的场所。②海洋空间资源包括海域上空、海面及水体、海底和海岸带四个部分。③缓解沿海地区人地矛盾、开发海洋资源、扩展人类生存空间。④海运、海港、围海造陆、海上航空线、跨海大桥、人工岛、海上石油平台、海底隧道、海底城市、海洋旅游、海水淡化、网箱养殖等。⑤是我国联系东南亚、南亚、西亚、非洲及欧洲的重要海上通道；北部是我国大陆，西邻中南半岛，南邻马来群岛，东邻菲律宾群岛，周边相邻的国家众多，地理位置十分重要。⑥南海海域面积广；近岸水域较浅，含沙量较大，工程量相对较小；我国填海造陆技术水平高。支持：近岸水域较浅，工程量相对较小；填海造陆可以增加城市建设和工业生产用地，缓解用地紧张状况；为我国南海资源的开发提供条件。不支持：填海造陆所需费用巨大；岛上淡水资源缺乏；废弃物排放增多，加剧近岸水域环境污染；导致近海生态环境破坏，生物多样性减少；改变原始岸滩地貌，海洋生态环境破坏加剧。⑦空间广阔；水温较低，温度变化平稳；远离居民区；低温缺氧。⑧有利条件：空间广阔，便于立体开发；地价便宜，不需要搬迁人口；海底隐蔽性能好，海中温度、压力比较稳定。不利条件：海上气象复杂多变，海水运动不稳定，深海黑暗、高压、低温、缺氧，海水腐蚀性强；开发利用技术难度大，资金投入多，风险大。

任务3：以南海为例，学习海洋强国战略。

材料1：2011年6月以来，中国与南海周边国家在南海问题上的争端频频发生。越南、菲律宾等国均以不同方式主张自己在南海的利益，并且拉拢第三方参与南海争端，如越印签署南海海上石油开发协议，菲日声明南海是其共同利益，等等，导致南海问题日益呈现复杂化、国际化、同盟化的趋势。

材料2：《联合国海洋法公约》所建立的海洋法律制度，第一次对海洋权益进行了全面而系统的规定，从而使各国开发和利用海洋走上了规范化道路。图3-16-4为主权国家管辖海域的划分图。

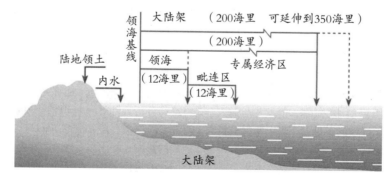

图3-16-4

活动：①查阅资料，概括我国海洋的基本情况。②说出图中相关区域的含义及其空间范围，讨论在这些区域中沿海国家和其他国家的权利及义务。③列举维护我国海洋权益的重要举措。④设立三沙市、渔政船巡航南海、南海岛礁建设等活动显示了我国维护海洋权益、加强海洋管理的能力和决心。分析我国维护南海权益的地理意义。

答案：①海域面积绝对量大，相对量小；海洋资源总量丰富，人均占有量少；海洋经济发展迅速，但在国民经济中所占比重小；海洋区位优越，但地理形势相对不利。②略。③加强海洋立法，增强海洋国土意识；加大科技和资金投入，开发海洋资源，发展海洋经济；加强海洋执法，建立海上安全保障体系。④有利于缓解对陆地环境的压力；有利于增加渔业、油气资源的保有量；有利于巩固国家安全；有利于强化海洋意识，树立海洋国土观念。

【评价设计】

1. 水平标准

水平标准见表3-16-2。

表3-16-2

评价指标	评价等级			
	水平1	水平2	水平3	水平4
综合思维	能够在简单、熟悉的情境中了解海洋安全相关的概念及与人类的关系	能够简单分析地理背景以及人类活动对海洋安全的产生影响	能够结合不同区域的发展特点，说明海洋安全产生的影响，并构想解决问题的途径	从全球化的视角，对海洋安全的影响及措施进行系统性、地域性的解释
区域认知	能够根据材料认识和归纳区域特征，理解海洋安全对不同区域造成影响的差异	能够收集整理区域的重要信息，从区域的视角分析海洋安全的影响	能够结合区域案例，从空间—区域尺度分析区域特征，评析海洋安全对不同区域造成的影响	能够全面评析海洋安全对不同区域造成的影响，并提出切实可行的解决途径
地理实践力	能够获取和处理信息，探究海洋开发的条件及影响	能够获取和处理信息并与他人合作，掌握分析与解决海洋开发的基本方法	能够通过对给定区域特征的分析，针对海洋开发对区域各要素造成的影响，提出解决问题的途径	能够主动发现和探索问题，分析海洋开发对不同区域造成的影响，并提出具有针对性、创造性的解决途径

（续表）

评价指标	评价等级			
	水平1	水平2	水平3	水平4
人地协调观	能够理解人类活动和海洋安全的关系，认识人类活动对海洋安全的影响	能够阐述海洋安全对区域地理环境的积极影响和消极影响，理解人地协调发展的重要性	通过分析给定区域的海洋安全与人类活动的关系，说明地理环境与人类活动相互影响的关系	能够分析和理解不同区域海洋安全与生产活动、环境等的关系，科学评价人地关系

2. 练习与测评

例1 （2014浙江高考改编）根据材料，回答下列问题。

材料：荷兰是世界著名的"低地之国""风车之国"，围海造田的面积约占国土面积的1/7。2009年荷兰实施一项"退耕还海"工程，位于其南部西斯海尔德水道两岸的部分堤坝被推倒，原来围海造田得来的3平方千米土地被海水淹没。

1. 北海是世界上重要的油气产地。简述北海油气田开采的有利条件和不利条件。

2. 简析荷兰围海造田的有利自然条件。

3. 简述荷兰实施"退耕还海"的生态意义。

答案：1. 有利条件：油气资源储量丰富；位于大陆架浅海，便于开采；接近能源消费市场；运输便利。（可任答三点）不利条件：位于西风带，终年风浪大；多阴雨天气，不利于海上油气开采作业；开采成本高。（可任答两点）

2. 地势低平，多浅滩；海岸线曲折，多海湾，围海工程量小；位于莱茵河等河口，泥沙较多；风力较大，可利用风车排水。（可任答三点）

3. 增加湿地面积，保护生物多样性。

例2 （2013浙江高考改编）2013年1月17日，国务院批复《浙江舟山群岛新区发展规划》，舟山群岛新区成为我国首个以海洋经济为主题的国家级新区。根据材料，回答下列问题。

材料：据环境保护部（现生态环境部）2013年4月19日发布的第一季度74个城市空气质量监测结果，舟山空气质量居全国前列。舟山普陀山是我国四大佛教名山之一。舟山还具有阳光、沙滩、海浪等海洋旅游元素。

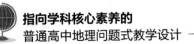

1. 舟山空气质量居全国前列的主要原因是_____。舟山群岛新区可开发的特色旅游项目有_____、_____、_____。

2. 分析舟山群岛新区成为我国铁矿砂等大宗商品重要中转地的主要原因。

答案：1. 大气污染物排放量少；风力大，稀释自净能力强等；禅修、游艇、游泳、海钓、康体、沙雕、海鲜美食等。（可任答三点）

2. 舟山群岛港口航道深、岸线长，有利于大型船舶停泊；长江中下游地区铁矿砂等大宗商品进口量大，多选择水运中转。

案例十七　因地制宜，区域发展

临海市大田中学　卢晓霞

【课标溯源】

（选必2）结合实例，从地理环境整体性和区域关联的角度，比较不同区域发展的异同，说明因地制宜对于区域发展的重要意义。

【教学内容】

1. 从地理环境整体性和区域关联层面认识不同区域发展的差异。

2. 理解因地制宜与区域发展的关系，分析促进区域发展的有效途径。

【学习目标】

1. 结合资料，分析不同区域地理环境和发展条件差异，提高区域认知能力。

2. 结合案例，掌握区域发展不同阶段的发展条件、产业结构等主要特征，培养综合思维。

3. 结合资料，分析不同区域的发展优势，提出促进区域发展的措施，提升地理实践力。

4. 结合具体案例，理解因地制宜对于区域发展的重要意义，形成人地协调观。

【教学重点】

区域发展的异同，区域发展的阶段性。

【教学难点】

了解区域特点，实现因地制宜。

【教学设计构想】

教学设计构想见图3-17-1。

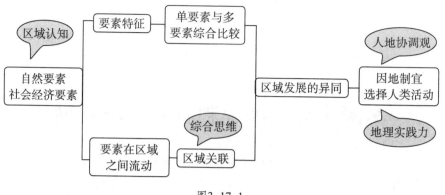

图3-17-1

【教学任务】

教学任务见表3-17-1。

表3-17-1

任务	活动	设计意图	素养水平要求
任务1：认识南北方的区域差异	南北方自然条件与社会经济条件基础知识填表	了解学生的地理认知基础，培养学生用整体性的观念比较区域差异，提升其区域认知能力	区域认知水平1
任务2：探究江苏的"南"与"北"	问题探究：说明江苏南北经济存在的差异，评价苏北农业发展的自然条件，分析适宜发展内河航运的条件，从区域发展差异与经济联系方面分析高铁布局特点	从区域的视角培养学生获取和解读图文信息的能力，提高学生对地理事象从综合维度进行分析的能力	区域认知水平2 综合思维水平2
任务3：探秘中国竹乡——浙江安吉	结合材料进行问题探究，分析安吉县种植毛竹有利的自然条件，并分析安吉县因地制宜发展乡村经济应采取哪些具体措施	学生通过对区域特征的认知，提出因地制宜的措施，提升综合思维能力，树立正确的人地观	区域认知水平3 综合思维水平4 人地协调观水平3
任务4：探索现代化新城区——台州湾新区	小组合作探究，规划台州湾接下来应重点发展的产业部门类型并说说理由	通过对区域问题的分析，培养学生合作探究的精神和解决复杂问题的综合思维能力	综合思维水平3 地理实践力水平3 人地协调观水平4

172

【教学活动示例与说明】

任务1：认识南北方的区域差异。

活动：填写表3-17-2。

表3-17-2

项目		北方地区	南方地区
自然条件差异	地形		
	气候类型及特征		
	植被		
	土壤		
社会经济条件差异	农业生产		
	工业生产		
	产业结构		
	交通运输		
	对外联系		

任务2：探究江苏的"南"与"北"。

材料1：江苏省经济发展存在区域差异。2020年，苏北地区（徐州、盐城、连云港、淮安、宿迁）生产总值23837.96亿元，人均7.9万元；苏南地区（苏州、无锡、常州、南京、镇江）生产总值59384.29亿元，人均15.6万元。

材料2：江苏省交通发达，航运便利。2020—2022年将陆续开通5条高铁，主要集中在苏北地区，并多与苏州、无锡、南通等市相连；全省一至七级航道总里程达2.44万千米，约占全国航道总里程的1/5。

材料3：图3-17-2为苏南、苏北三次产业人均GDP占比图。

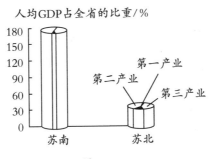

图3-17-2

活动：①简述江苏南北经济存在的差异并说明原因。②苏北地区农业所占比重较大，简要评价苏北农业发展的自然条件。③分析江苏省大力发展内河航运的主要原因。④从区域发展差异与经济联系方面简析江苏新建高铁布局的原因。

答案：①苏南经济总量多于苏北；苏南第二、三产业比重大于苏北。②地形平坦、水热充足、雨热同期、水源充足，但水旱灾害多。③经济发达，运输需求大；河网密布，河流航运通达度高；高等级航道长，河流航运价值大。④南北差异大；苏北发展起步迟，发展快；南北经济互补性强；促进区域经济均衡发展。

任务3：探秘中国竹乡——浙江安吉。

材料1：毛竹喜温湿，怕渍水，适宜在酸性土壤中生长。"中国竹乡"——安吉县位于浙江省西北部，境内翠竹绵延，层峦叠嶂，森林覆盖率达72%。

材料2：20世纪80年代，安吉县为摘掉"贫困县"的帽子，引进和发展竹加工等产业，如竹凉席加工、竹地板制造、造纸业等。大量中小型竹业、茶业和椅业构成安吉的三大特色产业。

材料3：白茶生长容易遭受霜冻、伏旱、暴雨等气象灾害影响，产量严重受损。如果在纯白茶林中套种香樟等阔叶树种，能够有效减轻气象灾害影响。

活动：①分析安吉县种植毛竹的有利自然条件。②安吉县竹品、茶叶加工厂布局较为分散，试分析原因。③分析纯白茶林中套种阔叶树种能够减轻气象灾害影响的原因。④从产业角度分析安吉县因地制宜发展乡村经济应采取哪些具体措施。

答案：①地处亚热带季风气候地区，夏季高温多雨，水热条件好；地形以低山丘陵为主，排水性好，适宜种植竹子；土壤以酸性红壤为主，适合毛竹生长。②原料丰富，分布广泛、分散；原料运输量大，产品运输量小，需就近加工；小企业投资少，技术要求低，设备简单；部分产品需手工加工，分散布局便于一家一户的生产。③阔叶林能够阻挡冷空气侵袭，减轻霜冻危害；阔叶林可以遮阳降温，减少蒸腾与蒸发，保持土壤水分，减轻旱灾影响；涵养水源功能强，减轻暴雨危害。④合理利用低山丘陵，因地制宜发展立体农业；利用优势农业资源，发展农副产品深加工，延长产业链；充分利用生态优势、整合山水资源，发展休闲农业和乡村旅游业；开发利用小水电，发展沼气等清洁能源。

任务4：探索现代化新城区——台州湾新区。

材料：台州湾新区是浙江省省级新区，隶属浙江省台州市，位于东海之

滨、台州湾畔，规划控制总面积约138.46平方千米。在长三角区域一体化发展
上升为国家战略、浙江省重大建设将向大湾区集中布局、甬台温杭绍台等铁路
建设将重塑区域发展格局的机遇下，台州湾新区依托于原台州湾循环经济产业
集聚区和原高新区两大产业与创新平台，有明显空间区位优势，逐步成为浙东
南重要的制造工业增长极。台州湾新区产业基础扎实，初步建立汽车制作、生
物医药、新材料三大产业集群。

活动：假如你是浙江省发展规划研究院的人员，请为台州湾接下来应重点
发展的产业部门类型做好规划，并说说理由。

【评价设计】

1. 水平标准

水平标准见表3-17-3。

表3-17-3

评价指标	评价标准			
	水平1	水平2	水平3	水平4
区域认知	能够根据材料，认识和归纳区域特征	能够获取和解读区域重要的信息，从区域的视角认识区域发展	能够结合复杂区域案例，从整体性和区域联系角度分析区域特征	能够对区域因地制宜发展进行全面的评价，并给出具体的发展措施
综合思维	能够从自然和人文角度认识和分析区域的优劣条件	能够从多个地理要素相互影响、相互制约的角度分析区域差异，并能给出简要的解释	能够结合区域案例，综合各要素系统分析区域发展现状，从时空维度分析其发展并给出解释	能够对区域产业布局、不同时期经济因地制宜的发展措施等进行要素、时空综合分析与解释
地理实践力	能够获取和处理信息，探究区域发展的原因和因地制宜的措施	能够获取和处理信息并与他人交流，掌握区域因地制宜发展的基本方法	能够获取和处理复杂信息，通过对给定区域的优劣条件进行分析，形成分析区域因地制宜发展的方法	能够主动发现和探索问题，能分析区域不同时期的发展条件，并提出有效的发展措施
人地协调观	能够理解人类在促进区域发展时，需要因地制宜地采取措施	能够阐述因地制宜对区域发展的积极影响，理解区域可持续发展的重要性	能够分析给定区域的发展条件与人类活动之间的关系，理解地理环境的潜力和有限性	能够评价和分析人地关系中存在的问题，提出因地制宜协调人地关系的措施

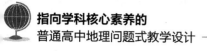

2. 练习与测评

例1 阅读材料，回答下列问题。

环江县位于黔中高原南部边缘的斜坡地带，总地势为北高南低，中部偏南为丘陵，四周山岭绵延。1996年，中国科学院亚热带农业生态研究所因地制宜提出环境移民和异地科技扶贫设想，在广西河池环江毛南族自治县政府的支持推动下在思恩镇建设"肯福环江生态移民示范区"。为了避免村民过度开发，造成新的环境破坏，中科院扶贫团队专家们以丘陵坡地为生态系统，根据土地资源结构，合理配置各项用地，荒坡上新开果蔗园，旱土均采取水平梯土、地膜覆盖等措施，避免以往因不合理开垦产生的水土流失、环境恶化而再度陷入贫困的恶性循环现象，实现脱贫致富。

1. 推测大石山区贫困落后的主要原因。

2. 说明荒坡上开果蔗园对保护当地地表环境的作用。

3. 指出当地政府为推动农业进一步发展可采取的主要措施。

答案：1. 地处山区，交通不便；多山地丘陵，耕地面积少；土壤贫瘠，自然条件差；岩溶地貌广布，地表水缺乏；等等。

2. 提高植被覆盖率，调节气候；截留大气降水，减缓地表径流流速；涵养水源，保持水土；补充土壤有机质；等等。

3. 加强种植户培训，提高农业技术水平；招商引资引才；加强环境与农产品监测，推进绿色农业发展；完善水电、交通等基础设施建设；培育特色品牌，扩大产品知名度；等等。

例2 读千烟洲立体农业示意图（图3-17-3）及相关资料，回答下列问题。

千烟洲位于江西省，属于亚热带季风气候，该地土壤贫瘠，低山、丘陵占土地总面积的2/3以上。20世纪80年代以前，千烟洲一直以河谷的水稻生产为主。由于不合理的开垦和过度樵采，该地区水土流失严重。20世纪80年代以来，千烟洲从河谷农业转向了生态立体农业，在国家政策的大力支持下，引入先进的柑橘生产技术，发展成为全国著名的柑橘生产基地。

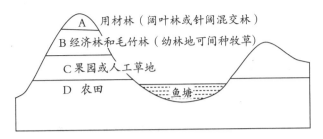

图3-17-3

1. 千烟洲地处五个热量带中的_____带。

2. 该地区发展水稻种植业的不利自然条件有_____、_____等。

3. 千烟洲适宜柑橘种植，但直到20世纪80年代以后才发展成为著名的柑橘生产基地，导致其发生变化的主要人文条件有_____、_____等。

4. 读图3-17-3，任选A～D中的一处，说出其因地制宜发展农业的具体措施及带来的好处。

答案：1. 北温。

2. 土壤贫瘠、低山、丘陵面积大（季风气候降水变率大，旱涝频发）。

3. 政策支持、技术先进（市场广阔、交通改善）。

4. A. 海拔较高地区：栽种用材林（阔叶林或针阔混交林）；既获得经济效益，又涵养水源，保持水土。

B. 丘陵缓坡：栽种经济林和毛竹林（幼林地可间种牧草）；既获得经济效益，又保持水土。

C. 丘陵缓坡：发展果园或人工草地；既获得经济效益，又保持水土。

D. 山麓河谷地区：改造现有农田，安排排灌系统，加大科技投入力度，提高产量。

案例十八 碳循环和温室效应——聚焦全球气候变化

浙江省临海市第六中学 马佳妮

【课标溯源】

1.（必修1）运用示意图等，说明大气受热过程原理，并解释相关现象。

2.（选必3）运用碳循环和温室效应原理，分析碳排放对环境的影响，说明碳减排国际合作的重要性。

【教学内容】

1. 明确大气受热过程原理，描述温室效应产生的原因，并运用其解释全球气候变化的原因。

2. 结合案例，归纳总结碳排放对环境的影响。

3. 结合实际，分析促进碳减排的主要措施。

【学习目标】

1. 辨析碳循环、温室效应和碳减排等相关概念，说出自然地理环境中碳循环与温室效应的关系。

2. 结合图表，描述碳循环的过程以及温室效应的成因。

3. 结合资料，分析碳排放对全球环境的影响，明确碳减排国际合作的重要性，培养区域认知和综合思维能力，形成人地协调观。

4. 结合实例，提出碳减排的具体措施，提升地理实践力。

【教学重点】

温室效应产生的原因、碳排放对环境的影响以及碳减排的措施。

【教学难点】

不同区域的自然环境特征和人类活动地域特点与碳排放的关联，提炼在碳减排问题上值得借鉴的做法。

【教学设计构想】

教学设计构想见图3-18-1。

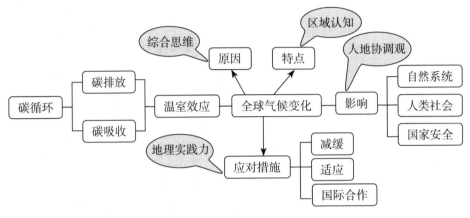

图3-18-1

【教学任务】

教学任务见表3-18-1。

表3-18-1

任务	活动内容	设计意图	素养水平要求
任务1：认识碳循环和温室效应	问题思考：在自然地理环境中，碳主要以哪些形式存在？认识碳循环并指出人类活动对其的主要影响。什么是温室效应？说明碳循环和温室效应之间的联系	了解学生对相关地理概念和地理事物的认知基础，为深入探究地理问题做准备	综合思维水平2
任务2：探究全球气候变化的原因	问题探究：结合材料，描述近80万年来大气中二氧化碳浓度变化与南极地区气温变化的关系，并分析近年来全球二氧化碳平均浓度升高的原因	通过获取和解读资料信息，培养学生从综合维度对地理事象进行分析与解释的能力	综合思维水平3
任务3：探索举图瓦卢国搬迁的原因	问题探究：根据材料，分析说明全球气候变暖对图瓦卢国家安全的影响	从区域的视角培养学生要素综合、系统分析的综合思维能力	区域认知水平2 综合思维水平3

（续表）

任务	活动内容	设计意图	素养水平要求
任务4：东北粮食作物种植"北扩"	合作探究：分析并简述气候变化对我国东北地区粮食生产的影响	通过对区域问题及因素的分析，培养学生合作探究精神和思辨能力	区域认知水平3 综合思维水平4
任务5：广西隆林"卖碳记"	案例探究学习：广西隆林县林业开发有限公司是如何"卖碳"的？分析该地森林固碳能力比长白山更强的原因，提出增强当地森林碳吸收能力的主要措施	通过对区域特征的认知和主要措施的分析，培养学生综合思维能力，树立正确的人地协调观	区域认知水平2 综合思维水平3 人地协调观水平3
任务6：碳交易与碳减排	合作探究：分别说明三大减排战略对降低单位GDP碳排放量的积极意义，并为碳排放量大的企业应对碳排放市场交易机制提出合理化建议	通过对碳减排意义和措施的分析，提出企业应对碳交易市场的对策，强化人地协调观	地理实践力水平3 人地协调观水平4

【教学活动示例及说明】

任务1：认识碳循环和温室效应，见图3-18-2。

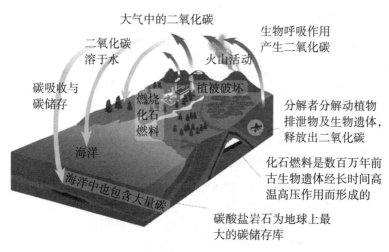

图3-18-2

活动：①在自然地理环境中，碳主要以哪些形式存在？②什么是碳循环？在碳循环过程中，人类对其的影响主要体现在哪些环节？③什么是温室效应？说明碳循环和温室效应之间的联系。

答案：①在岩石圈中，碳主要以碳酸盐的形式存在；在大气圈中，碳主要以二氧化碳、一氧化碳的形式存在；在水圈中，碳主要以多种形式存在；在生物圈中，碳主要以有机物的形式存在。②碳循环是指碳元素在大气圈、岩石圈、水圈和生物圈之间以二氧化碳、碳酸盐及有机化合物等形式进行转换和迁移的过程。人类的影响主要体现在消耗大量的矿物燃料，使更多固态的碳转化为大气中气态的二氧化碳或一氧化碳。通过植树造林或毁林开荒等影响植被光合作用固定气态碳的过程。③温室效应是指透射阳光的密闭空间由于与外界缺乏热交换而形成的保温效应，就是太阳短波辐射可以透过大气射入地面，而地面增暖后放出的长波辐射却被大气中的二氧化碳等物质所吸收，从而产生大气变暖的效应。碳循环不平衡会造成温室效应，温室效应是空气中的二氧化碳等温室气体过多引起的。

任务2： 探究全球气候变化的原因。

材料1：过去80万年来大气中二氧化碳浓度的变化图（图3-18-3）。

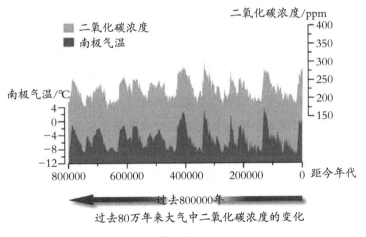

过去80万年来大气中二氧化碳浓度的变化

图3-18-3

材料2：南极大陆冰盖厚达几百至几千米，是数百万年来低温条件下积雪被压实成冰的结果。从冰盖钻取的冰芯，包含了许多反映不同时代大气环境特征的信息。科学家利用南极冰盖中的冰芯样品，获得了二氧化碳浓度、气温、降水等气候史料。这一方法为研究几十万年来全球气候变化提供了重要依据。

活动：①描述近80万年来大气中二氧化碳浓度变化与南极地区气温变化的关系。②分析近年来全球二氧化碳平均浓度升高的原因。

答案：①近80万年来大气中二氧化碳浓度变化与南极地区气温变化呈现正相关关系。②自然原因：全球气候一直处于冷暖变化之中，当前的地球气候正处于温暖的时期。人为原因：大量燃烧矿物燃料如石油、煤炭等排放大量温室气体；破坏植被，森林面积减少。

任务3：探索图瓦卢举国搬迁的原因。

材料：图瓦卢是南太平洋上的一个岛国，陆地最高海拔不超过5米。全球变暖导致的海平面上升严重威胁图瓦卢的国家安全。1993—2009年，因海平面上升，图瓦卢陆地国土面积缩小了2%。预计到2050年左右，图瓦卢60%以上的陆地国土将被海水淹没。

活动：说明全球气候变暖对图瓦卢国家安全的影响。

答案：第一，全球气候变暖使海平面上升，图瓦卢沿海低地和岛屿被淹没，威胁国家领土完整、主权安全；第二，风暴潮加剧，海水入侵，土地盐渍化加剧，威胁国家粮食安全；第三，洪涝灾害加剧，威胁国家人民生命财产安全（社会安全）；第四，港口、航道功能受影响，威胁国家经济安全。

任务4：东北粮食作物种植"北扩"。

材料：农业部门的统计数据显示，目前东北三省玉米晚熟品种种植北界由之前的辽宁省大部扩展到吉林省大部和黑龙江省西南部地区，增加种植面积达20多万平方千米；大豆中熟品种已北移至松嫩、三江平原的大部分地区，中晚熟品种北移至黑龙江省南部地区，晚熟品种北移至辽宁北部地区。玉米、水稻种植面积和产量近几年均有增加。

活动：简述气候变化对我国东北地区粮食生产的影响。

答案：东北地区气候变暖，积温上升，有利于农作物生长，农业生产范围北移，耕地面积扩大，粮食增产。但是暖干的气候、极端天气和干旱灾害给农业生产带来威胁，粮食受损减产的风险增大。

任务5：广西隆林"卖碳记"。

材料：碳汇是指通过植树造林、森林管理、植被恢复等措施，利用植物光合作用吸收大气中的二氧化碳，并将其固定在植被和土壤中，从而减少温室气体在大气中浓度的过程、活动或机制。

2008年，广西隆林县林业开发有限公司利用世界银行贷款，在荒芜多年的山岭上，种植了2.5万亩马尾松、酸枣、杉木和桦木等树种；2011年，第一次获得全球生物碳基金18.9万元的碳汇款；到2014年，已累计获碳汇款92万元。碳汇林不仅有可观的碳汇收入，30年后采伐的优质木材效益将更可观。

活动：①广西隆林县林业开发有限公司是如何"卖碳"的？②该地森林固碳能力比长白山更强，请说明理由。③森林固碳是降低大气二氧化碳浓度的重要途径，提出增强当地森林碳吸收能力的主要措施。

答案：①广西隆林县林业开发有限公司通过植树造林减少温室气体在大气中的浓度而获得可观的碳汇收入。②与长白山相比，该地水热条件更好，植被更茂密，热带森林光合作用更强，吸收二氧化碳更多，把碳大量固定在植物体内。③积极恢复森林，扩大森林面积；加强森林抚育和管理，注重林木的保护性间伐与更新，提升森林固碳能力；等等。

任务6：碳交易与碳减排。

材料1：碳交易是为应对气候变化，减少温室气体排放而采用的市场机制。若控排企业碳排放量超出配额，则需要在碳交易市场购买碳配额。2017年年底，我国正式启动全国碳市场建设。我国向世界郑重承诺，2030年实现碳达峰，即2030年起二氧化碳排放总量逐步下降。为降低单位GDP碳排放量，国家积极实施技术创新、能源变革和经济调整三大减排战略。

材料2：我国2013—2017年碳配额现货交易情况统计图（图3-18-4）和我国2020—2025年碳排放量变化统计图（图3-18-5）。

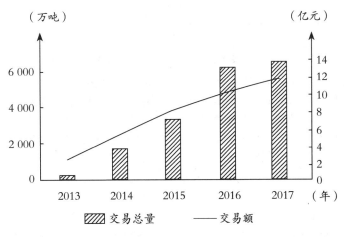

图3-18-4

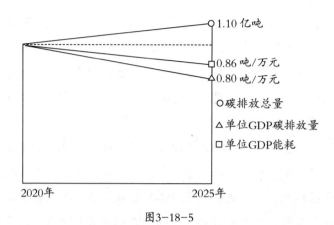

图3-18-5

活动：①分别说明三大减排战略对降低单位GDP碳排放量的积极意义。②请你为碳排放量大的企业应对碳排放市场交易机制提出合理化建议。

答案：①技术创新：提高能源利用效率；能源变革：降低化石燃料消费比重；经济调整：压缩高能耗产业（提高高技术产业比重）。②降低能耗，使用新能源，改善产业结构；减少碳排放量，将节余的碳配额出售；为满足企业发展的需要，必要时可适度购买一定数量的碳配额。

【评价设计】

1. 水平标准

水平标准见表3-18-2。

表3-18-2

评价指标	评价等级			
	水平1	水平2	水平3	水平4
综合思维	在简单、熟悉的情境中能够辨识碳循环与温室效应的概念及关系	对于给定的简单地理事象，能够简单分析其地理背景以及人类活动对全球气候变化的影响	能够结合不同区域发展的特点，说明全球气候变化产生的影响，并构想解决这些问题的途径	从全球化的视角，对全球气候变化的影响及措施进行系统性、地域性的解释
区域认知	能够根据材料，认识和归纳区域特征，理解全球气候变化对不同区域造成的影响是有差异性的	能够收集整理区域的重要信息，从区域的视角分析气候变化造成的影响	能够结合给定的区域案例，从空间—区域尺度分析区域特征，对气候变化对不同区域造成的影响进行评析	能够全面评析气候变化对不同区域造成的影响，并提出切实可行的解决途径

（续表）

评价指标	评价等级			
	水平1	水平2	水平3	水平4
地理实践力	能够获取和处理信息，探究气候变化的原因及影响	能够获取和处理信息并与他人合作，掌握分析与解决全球气候变化问题的基本方法	能够获取和处理复杂信息，通过对给定区域特征的分析，针对气候变化对区域各要素造成的影响，提出解决问题的途径	能够主动发现和探索问题，分析气候变化对不同区域造成的影响，并提出具有针对性、创造性的解决途径
人地协调观	能够理解人类活动和全球气候变化的关系，说明人类活动对全球气候变化的影响	能够阐述全球气候变化对区域地理环境的积极影响和消极影响，理解人地协调发展的重要性	通过分析给定区域的气候变化与人类活动的关系，认识地理环境与人类活动相互影响的关系	能够分析和理解不同区域气候变化与环境、工农业等的关系，评价分析人地关系中存在的问题

2. 练习与测评

例1 阅读材料，回答下列问题。

据长期地表观测资料显示，过去30年来的增温已促使北极地区土温升高1～3℃，永冻土随之解冻，大量碳将以甲烷或二氧化碳形式进入大气，成为加速气候变化的重要诱因。研究人员推测，地球平均气温每升高1℃，永冻土就放出相当于煤、石油和天然气4～6年释放出的温室气体。与此同时，以猛犸象为代表的大型食草动物的残体出露地表，有些动物残体保存非常完整。猛犸象的身体结构使其具有极强的御寒能力，它们生活在第四纪大冰川时期，亚欧大陆北部与北美大陆北部的寒冷地区。一些科学家认为，随着气候转暖，最后一批西伯利亚猛犸象大约于公元前2000年灭绝。

1. 指出永冻土中释放的碳对气温的影响，并从大气受热过程角度分析原因。

2. 分析气候变暖对猛犸象灭绝的影响。

答案：1. 影响：气温上升。原因：永冻土中的碳以甲烷或二氧化碳形式进入大气（增加大气中甲烷和二氧化碳的量），甲烷和二氧化碳能强烈吸收地面长波辐射，减少地面辐射进入宇宙空间的部分；大气吸收地面辐射后增温，大气逆辐射增强，对地面的保温作用增强（温室效应增强）。

2. 气候变暖，猛犸象被迫向北方迁移，活动区域缩小；草场植物的数量减少，种类发生变化，食物变得匮乏。

例2 阅读图文材料，回答下列问题。

热融湖是多年冻土区地下冰融化引起地表塌陷形成的凹坑集水而成。冻土是指0℃以下含有冰的各种岩石和土壤。活动冻土层是指多年冻土区夏季融化而冬季冻结的地表层。多年冻结层是指常年处在冻结状态的冻土层，该层中常含有冰楔（水渗入冻土裂隙中冻结成的脉状冰）。近年来，青藏高原的热融湖发展迅速。图3-18-6（a）示意冰楔对热融湖形成的作用，图3-18-6（b）示意热融湖的扩张及其对碳元素迁移的影响。

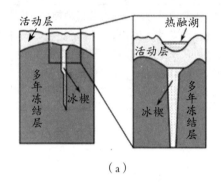
（a）

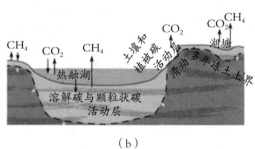
（b）

图3-18-6

1.指出多年冻土层中冰楔形成的主要季节，并说明冰楔的形成过程。

2.分析近年来青藏高原热融湖数量增多的原因。

3.说明热融湖不断增多和扩张对地球大气圈的影响。

答案：1.夏季。夏季温度高，冻土区活动层融化，水分（融水、降水和地表水）顺着多年冻结层的裂隙下渗，遇冷凝结形成冰楔。

2.近年来伴随全球气候变暖，地温上升，多年冻结层中更多冰楔（地下冰）融化，冻土体积变小，地表塌陷形成的凹坑增多，集水形成的热融湖增多。

3.加剧冻土融化，释放到大气中的甲烷、二氧化碳等温室气体增多，加剧全球变暖。

案例十九　寻沙：解谜"天漠"沙丘

浙江省临海市大田中学　董魏魏

【课标溯源】

1.（选必1）结合实例和图表，分析自然环境的整体性和地域分异规律。

2.（选必1）结合实例，解释内力和外力对地表形态变化的影响，并说明人类活动与地表形态的关系。

3.（选必2）以某生态脆弱区为例，说明该类地区存在的环境与发展问题，以及综合治理措施。

【教学内容】

1. 明确荒漠化和天漠的概念，认识荒漠化与天漠之间的关系。

2. 结合案例，从地理环境整体性和差异性及人类活动层面认识天漠沙丘的成因及影响。

3. 结合实际，分析治理荒漠化的措施。

【学习目标】

1. 能够辨析荒漠化的概念，分析不同区域的荒漠化类型，区分荒漠化与天漠沙丘之间的关系。

2. 结合资料，分析说明天漠沙丘分布与区域自然地理环境及人类活动关联性，加深对地理环境整体性和区域差异性的认识，培养地理综合思维和区域认知能力。

3. 结合资料，分析不同区域的天漠沙丘形成的条件差异及存在的生态环境问题，提出和评价解决沙丘生态环境问题的措施和途径，提升地理实践力，形成人地协调观。

【教学重难点】

1. 天漠沙丘的成因、影响分析及解决措施。

2. 区域自然地理环境特征和人类活动地域特点及其与天漠沙丘问题的关联。

【教学设计构想】

教学设计构想见图3-19-1。

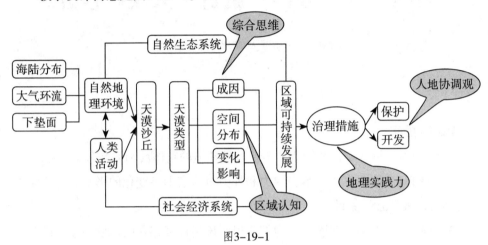

图3-19-1

【教学任务】

教学任务见表3-19-1。

表3-19-1

任务	活动	设计意图	素养水平要求
任务1: 认识荒漠化及天漠沙丘	思考问题: 什么是荒漠化? 荒漠化有哪些类型? 我国西北地区荒漠化最典型的是什么类型? 天漠是荒漠化吗? 说明它们之间存在怎样的关系?	了解学生对相关地理概念和地理事物的认知基础, 为深入探究地理问题做准备	综合思维水平2
任务2: 探究神秘的雨林沙岛	结合材料, 进行问题探究: 弗雷泽岛形成大量沙子的外力作用有哪些? 讨论弗雷泽岛地区气候湿润岛沙丘广布的自然原因。分析弗雷泽岛上雨林植被茂盛的自然原因	从区域的视角培养学生读图分析、要素综合、系统分析的综合思维能力	区域认知水平3 综合思维水平4
任务3: 解码"丘"同存异之谜	思考问题: 结合材料, 对比平潭岛海岸沙丘和丹娘沙丘的形成条件异同并梳理知识结构图	通过解读和获取图文资料信息, 培养学生从综合维度对地理事象进行分析与解释的能力	区域认知水平2 综合思维水平3

（续表）

任务	活动	设计意图	素养水平要求
任务4：海岸沙丘的"救赎"之路	合作探究：结合材料，说出海岸沙滩的功能；讨论为什么越来越多的国家开始注重对沙滩的保护与开发	通过对区域问题及因素的分析，培养学生合作探究的精神和思辨能力	区域认知水平3 综合思维水平4
任务5：荷兰"沙引擎"项目启示录	结合案例，思考和探究问题：分析荷兰沿海多海坝和岸堤的原因；讨论该国沿海区域遭遇"沙荒"的原因，并提出解决措施；说出荷兰实施"沙引擎"工程的地理意义	通过对区域特征的认知和天漠沙丘开发与治理措施的分析，培养学生综合思维能力，树立正确的人地协调观	区域认知水平2 综合思维水平3 人地协调观水平3

【教学活动示例及说明】

任务1：认识荒漠化及天漠沙丘。

材料："天漠"是一种特殊的沙丘群，多分布在湿润和半湿润地区的湖畔、河边和海滨，其形成的主要条件为所在地区沙源丰富、多风、植被稀疏。河北怀来县因天漠而出名，县城附近是著名的风口，冬季风力尤为强劲，河流发源于黄土高原，该地区发育了规模较小的沙丘群。

活动：①什么是荒漠化？天漠是荒漠化吗？说明它们之间存在怎样的关系。②天漠沙丘多分布在湿润和半湿润地区，体现了自然地理环境的什么规律？说出怀来天漠沙丘群的形成条件。

任务2：探究神秘的雨林沙岛。

材料：弗雷泽岛位于澳大利亚东岸，长约150千米，最宽处约35千米，是目前世界上最大的沙岛。由于沙地土壤促使蕨类植物、树木和野花等多种植物生长，该岛形成大片雨林景观，是世界著名的旅游胜地。1992年联合国教科文组织将该岛屿列入世界自然遗产名录。

活动：①弗雷泽岛形成大量沙子的外力作用有哪些？②讨论弗雷泽岛地区气候湿润沙丘广布的自然原因。③分析弗雷泽岛上雨林植被茂盛的自然原因。

任务3：解码"丘"同存异之谜。

材料1：福建省平潭岛常年多大风天气，风沙活动频繁，分布有我国典型和极富科研价值的海岛海岸风沙地貌。因海水周期性涨落，潮间带海滩碎屑物的搬运受风速、滩面表层温度等因素共同影响。（潮间带，从海水涨至最高时所海没的地方开始至潮水退到最低时露出水面的范围。）

材料2：湿润地区的沙漠往往被称作"天漠"，丹娘沙丘是其中之一，其位于高原半湿润季风区，该地区4—9月降雨丰富，10—次年3月气候干旱，多大风天气。当地居民生产以放牧、种植和林业为主，生活能源来自薪柴。

活动：①结合材料对比平潭岛海岸沙丘和丹娘沿江沙丘的形成条件异同（表3-19-2）。

表3-19-2

区域案例	条件分析		
	沙源	动力	沉积环境
平潭岛海岸沙丘			
丹娘沿江沙丘			

②梳理出天漠沙丘知识结构思维导图。

答案：①略。②见图3-19-2。

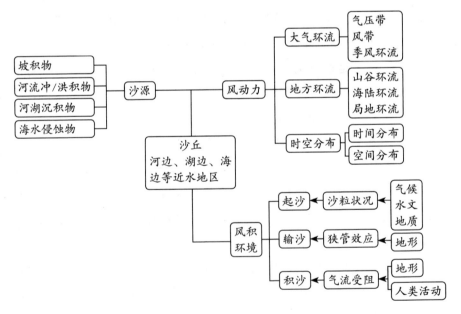

图3-19-2

任务4：海岸沙丘的"救赎"之路。

材料：欧盟学者在《自然·气候变化》中指出："在过去30年监测海岸线变化的卫星图像分析表明，海平面的上升和气候变化导致海岸线不断受到侵蚀，预计全球近一半海岸沙滩可能在21世纪末消失，滨海生态系统将遭到严重破坏，以沙滩为主的旅游区可能面临严重后果。"濒海国家也开始对海岸沙滩进行保护和开发，如日本的鸟取沙丘计划、荷兰的"沙引擎"、澳大利亚弗雷泽岛以"静"制动沙丘景观设计。

活动：①结合材料，说出海岸沙滩有哪些功能。②讨论为什么越来越多的国家开始注重对沙滩的保护与开发。

任务5：荷兰"沙引擎"项目启示录。

材料：荷兰24%的国土低于海平面，易受海潮入侵或海水泛滥的威胁，18%的国土是围海造陆所得，海岸线长1075千米，沿海有1800多千米长的海坝和岸堤。2009年起荷兰开始实施"退耕还海"工程，海岸线侵蚀严重，许多沿海区域遭遇"沙荒"现象，地处滨海休闲区的代尔夫兰沙滩也面临着消失的风险。2011年，荷兰基础设施与水管理部实施了一种新型的网红补沙方法——"沙引擎"，保障了代尔夫兰海岸的沙平衡。

活动：①简析荷兰沿海多海坝和岸堤的原因。②讨论该国沿海区域遭遇"沙荒"的原因，并提出具体措施。③说出荷兰实施"沙引擎"工程的地理意义。

案例阅读1：荷兰的"沙引擎"之路。图3-19-3为荷兰海岸补沙方法沿革，表3-19-3为荷兰海岸补沙方法措施。

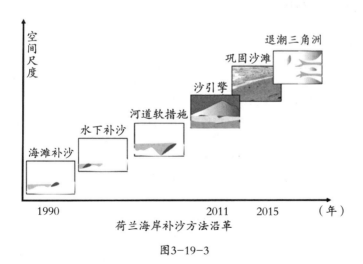

图3-19-3

表3-19-3

策略	措施
游憩空间营建	限制和引导旅游行为，保护沙丘物理结构，为生物营造安全生境
自然栖息地培育	利用风和海浪的能量捕获沉积物营建新的游憩空间和生物栖息地
海岸线加固与沙丘培育	沉积物逐渐形成"沙引擎"，利用不同的海岸水上、水下空间进行补沙，在陆地与海洋间形成一道屏障以应对极端天气带来的沙丘侵蚀问题，并营造多样的游憩空间和栖息地

案例阅读2：鸟取沙丘的"生长"之路——日本应对海岸沙丘退化的保护性措施。鸟取沙丘位于日本鸟取县沿海，东西长约16千米，南北宽约2千米，是日本具有代表性的海岸沙丘。近年来全球气候变暖并降水增加，保护海滨的混凝土堤坝也阻碍了沙子被冲上岸，沙丘面积不断退化。当地政府为了保护这片沙丘，不但不进行治理，还采取措施来保护它，砍伐树木，向海岸地带输沙，开展了"固沙""输沙""除草护沙""旅游"等保护和发展措施，使鸟取沙丘成为一个旅游胜地。

活动：结合荷兰和日本的案例，从可持续发展角度总结出天漠沙丘的开发与治理措施。

【评价设计】

1. 水平标准

水平标准见表3-19-4。

表3-19-4

评价指标	评价等级			
	水平1	水平2	水平3	水平4
综合思维	在熟悉的情境中能够辨析荒漠化与天漠的概念及关系	对于给定的简单的地理事物，能够简单分析其地理背景及天漠沙丘对人类活动的影响	能够结合不同区域发展的特点，说明气候变化对沿海沙丘生态系统的影响，并提出具体解决措施	从可持续发展角度，分析天漠沙丘对人类活动影响及解决措施
区域认知	能够根据材料，认识和归纳区域特征，能够理解不同区域天漠沙丘成因差异	能够收集整理区域重要的信息，从区域的视角分析气候变化对沿海沙丘生态系统的影响	能够结合给定的区域案例，从空间—区域尺度分析区域特征，评析某区域天漠沙丘的成因	能够对现实不同区域天漠沙丘的成因及影响进行全面的评析，并提出切实可行的解决途径

（续表）

评价指标	评价等级			
	水平1	水平2	水平3	水平4
地理实践力	能够获取和处理信息，探究天漠沙丘退化的原因及解决途径	能够获取和处理信息并与他人交流合作，掌握分析与解决沙丘退化问题的基本方法	能够获取和处理复杂信息，通过对给定区域天漠沙丘状况的分析，针对气候变化对沿海沙丘的影响提出措施	能够主动发现和探索问题，分析不同地区沙丘的成因及影响，并提出有针对性的措施
人地协调观	能够理解人类活动与天漠沙丘状况的关系，说明人类活动对天漠沙丘变化的影响	能够阐述人类活动对区域地理环境积极和消极的影响，理解人地协调发展的重要性	能够分析给定区域天漠沙丘形成与人类活动之间的关系，认识地理环境与人类活动相互影响的关系	能够分析和理解不同区域自然要素及人类活动与沙丘变化的关系，评价分析区域人地关系存在的问题

2. 练习与测评

例1 雅鲁藏布江河谷加查—米林段位于青藏高原东南部地区，平均海拔3800 m，年均降水量514 mm。图3-19-4为该段河谷沙丘分布图。

图3-19-4

1. 加查—米林段河谷沙滩面积最大的时间是（   ）。

    A. 3—5月   B. 6—8月   C. 9—11月   D. 12—次年2月

2. 加查—米林段河谷流动沙丘的形成过程是（   ）。

    A. 流水、风力搬运—流水沉积—风力堆积

    B. 流水、风力搬运—风力堆积—流水沉积

C. 风力搬运—风力堆积—流水搬运—流水沉积

D. 流水搬运—流水沉积—风力搬运—风力堆积

3. 该河段挡沙墙的修建对流动沙丘影响最小的是（　　）。

A. 沙丘高度　　B. 沙丘走向　　C. 沙丘粒径　　D. 沙丘面积

答案：1.D；2.D；3.B。

例2　阅读材料，回答下列问题。

材料1："天漠"是一种特殊的沙丘群，多分布在湿润和半湿润地区的湖畔、河边和海滨，其形成的主要条件为所在地区沙源丰富、多风、植被稀疏。河北怀来县因天漠而出名，县城附近是著名的风口，冬季风力尤为强劲，河流发源于黄土高原，该地区发育了规模小的沙丘群。某中学课外活动小组的同学对M处的沙丘群规模是否会扩大产生了争论，形成了两种不同的观点，即观点A：沙丘群规模会扩大；观点B：沙丘群规模不会扩大。

材料2：怀来天漠位于怀来县，距北京西北70多千米。20世纪90年代，随着天漠的面积不断扩张，每年带入水库的泥沙达到300万吨，水库的总淤积量达6.64亿立方米，成为"死水"，加剧了水库区及周边环境的恶化。

1. 选择你支持的一种观点，为其提供论据。

2. 从生态环境角度分析，天漠的不断扩张对水库及周边地区的不利影响。

答案：1. 会扩大。论据：该区域西邻黄土高原，北邻内蒙古高原，大风可将沙尘吹到此处；河流持续搬运泥沙；人类活动用水量增加，导致河床裸露期增长；风出风口后，速度降低，风沙在此沉积。

不会扩大。论据：该区域位于半湿润区，降水较丰富，风沙发生季节短；河流源地及径流地区植树造林保持水土（使河流搬运的泥沙量减少）；沙源集中分布在河床与河边，面积较小，不足以形成面积较大的沙丘群；位于山区，附近有水库，沙丘群难以向周围扩展。

2. 环境恶化，土地沙漠化加剧；局部气候变干，沙尘天气增多；泥沙进入水库较多，泥沙淤积，污染严重，水质变差；生物多样性减少。

案例二十　贸易变化下产业转移及其对区域发展的影响

浙江省台州中学　何媚

【课标溯源】

1.（必修2）结合实例，说明影响工业的区位因素。

2.（选必2）以某区域为例，说明产业转移和资源跨区域调配对区域发展的影响。

【教学内容】

1. 结合贸易变化分析区域间产业转移的基本特点，并结合具体实例分析发达国家和发展中国家在产业转移过程中各自的优势。

2. 辩证地说明产业转移对区域地理环境的积极影响和消极影响。

3. 从要素综合的分析思路说明产业转移、异国建厂、撤出市场等的原因。

【学习目标】

1. 结合现实中的产业转移情境，说明转出区某产业区位优势的变化，归纳该类产业在不同发展阶段的区域可能会遇到的人地关系问题，分析区域经济与环境生态的协调发展措施。

2. 结合现实中的产业转移情境，在认识相关区域产业区位优势的基础上，从促进区域科学发展的角度，对产业转移发生的原因、路径、方式及影响等进行系统的综合分析、评价。

【教学重点】

产生区域产业转移的原因及其对相关区域发展产生的影响。

【**教学难点**】

不同区域区位因素变化及产业转移应对策略。

【**教学设计构想**】

教学设计构想见图3-20-1。

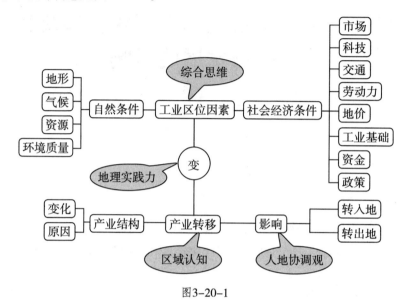

图3-20-1

【**教学任务**】

教学任务见表3-20-1。

表3-20-1

任务	活动内容	设计意图	素养水平要求
任务1：认识贸易变化和产业转移的概念	结合材料，思考问题：中国和M国贸易变化主要涉及哪些类型的产业？贸易变化施加的关税，会对中国和M国各自出口产品产生哪些影响？受贸易变化的影响，哪些产业可能会发生转移？	构建问题链，引导学生认识中国和M国贸易变化的主要形式，及其对相关产品出口的影响，分析可能会发生转移的产业类型	区域认知水平2 综合思维水平3
任务2：探究某品牌代加工工厂为何转出我国	结合案例，思考和探究问题：某品牌代加工工厂属于哪种类型工业？为什么某品牌把代加工工厂建设在我国？某品牌代加工工厂转出可能会对我国带来哪些影响？M国号召制造业回流，面临哪些困难？	结合现实中的产业转移情境，说明转出区某产业区位优势的变化，归纳该类产业在不同发展阶段的区域间的转移关系	区域认知水平3 综合思维水平3

（续表）

任务	活动内容	设计意图	素养水平要求
任务3：Y国能否替代我国成为世界工厂	问题探究：与中国相比，Y国生产有哪些优势条件？最近两年，某些企业不得不重新将订单转回中国的原因是什么？你认为Y国可以代替我国成为"世界工厂"吗？	结合现实中的产业转移情境，全面提取该产业在不同地区区位要素的差异，加强区域认知。通过创设开放性问题，引导学生应用所学知识认识、分析和解决现实问题	区域认知水平3综合思维水平3地理实践力水平2
任务4：探究某品牌汽车厂为何在我国建超级工厂	案例探究：某品牌汽车厂选择在我国建设超级工厂的原因有哪些？该汽车厂在我国建厂对我国电动汽车零部件行业、纯电动汽车企业及上海发展分别会产生哪些影响？	结合产业转移案例，分析该产业在转出区的区位要素发生的变化及原因，转入区承接产业转移的优势区位条件，以及产业转移对相关区域发展的影响	综合思维水平3人地协调观水平4
任务5：探究贸易变化下某企业的应对策略	问题思考：分析某品牌公司选择把部分工厂建在M国的主要原因。某品牌的57家公司撤出M国对M国产生的影响有哪些？某品牌应对贸易变化的策略给其他企业哪些启示？	结合产业转移案例，了解产业转移发生的原因、过程以及对相关区域发展的影响，思考不同区域产业转移需要注意的问题和对策	区域认知水平3综合思维水平4

【教学活动示例及说明】

任务1：认识贸易变化和产业转移的概念。

材料1：2018年4月，M国贸易代表办公室宣布拟加征关税的中国商品建议清单，对每年从中国进口的价值约500亿美元、约1300种的商品加征25%的关税。作为反制措施，中国依法对自M国进口的产品加增关税。

材料2：图3-20-2为本次贸易变化主要涉及的领域。

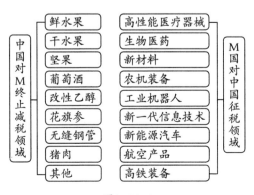

图3-20-2

活动：①中国和M国贸易变化主要涉及哪些类型的产业？②贸易变化施加的关税，会对两国各自出口产品产生哪些影响？③受贸易变化的影响，哪些产业可能会发生转移？

任务2：探究某品牌代加工工厂为何转出我国。

材料1：近年来，多家某品牌代加工工厂开始将生产业务搬出中国。

材料2：图3-20-3为产品生产环节的价值链示意图。

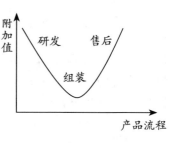

图3-20-3

活动：①某品牌代加工工厂属于哪种类型工业？②为什么某品牌把代加工工厂建设在我国？③某品牌代加工工厂转出可能会对我国带来哪些影响？④M国号召制造业回流，面临哪些困难？

任务3：Y国能否替代我国成为世界工厂？

材料1：Y国人口密度大，国内缺乏完整的工业链，急需国外资金来拉动本国经济的发展。近年来，Y国给予外资企业优惠的税收政策，融入国际化进程不断加快。自中国与M国贸易摩擦以来，撤离中国市场的玩具、家具、电子、家电等外资企业选择了Y国，但其多数是涉及最后工序的组装厂，上游、中游的环节仍在中国。而且最近两年，某些企业不得不重新将订单转回中国。

材料2：2018年部分国家劳动者平均报酬如图3-20-4所示。

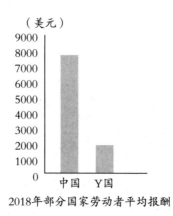

2018年部分国家劳动者平均报酬

图3-20-4

活动：①与中国相比，Y国生产有哪些优势条件？②最近两年，某些企业不得不重新将订单转回中国的原因是什么？③你认为Y国可以代替中国成为"世界工厂"吗？

任务4：探究某品牌汽车厂为何在我国建超级工厂。

材料1：2018年7月，M国对中国部分输出商品加征关税，中国随后对原产于M国的进口汽车在15%关税的基础上再加征25%关税。

材料2：2019年1月7日，某品牌汽车厂第一个海外超级工厂在我国上海临港产业区正式开工建设，该工厂是上海迄今为止最大的外资制造业项目。目前该品牌汽车的30%零部件由满足其技术和标准要求的中国供应商供应，预计未来中国供应商占比将达80%及以上，这将极大带动次一级零部件供应商的发展。

材料3：某品牌汽车厂计划在德国建造一座新工厂，以迎合欧洲对电动汽车迅速增长的需求。2022年12月，德国一家行政法院发布了一项临时禁令，禁止该工厂进一步砍伐森林，这意味着该工厂在德国的建厂计划受阻。

活动：①影响某品牌汽车厂在这一时间选择在我国建设超级工厂的原因有哪些？②某品牌汽车在我国建厂对我国电动汽车零部件行业、纯电动汽车企业、上海发展分别会产生什么影响？

任务5：探究贸易变化下某品牌企业的应对策略。

材料1：某品牌是中国如今最具有代表性的电子产品国民品牌，持续的研发投入使该品牌在分布式基站、移动网络架构、5G技术领域取得了瞩目成就，尤其是在5G技术领域引领全球发展。某全球权威市场调查机构发布的2020年第二季度全球智能手机市场分析报告显示，该品牌以19.6%的占比拿下第二季度全球手机销量冠军，这也是中国的手机厂商第一次登顶全球手机销量榜首。图3-20-5为该品牌全球专利申请公开趋势。

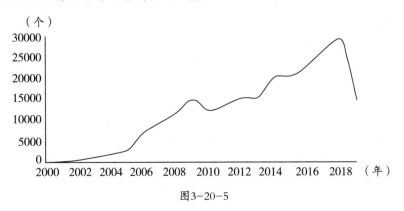

图3-20-5

材料2：2019年，M国禁止某品牌及其旗下企业在M国的销售和采买行为。迫于M国政府的压力，很多M国企业宣布与该品牌断绝一切商务合作，拒绝为该品牌提供芯片、系统和服务器等产品和服务。面对制裁，该品牌毫不畏惧，展示出一系列惊人的"备胎计划"。2020年，该品牌宣布全面撤离在M国的57家工厂。

活动：①分析某品牌公司选择把部分工厂建在M国的主要原因。②某品牌的57家公司撤出M国对其产生的影响有哪些？③某品牌应对M国贸易制裁的策略给其他企业怎样的启示？

【评价设计】

1. 水平标准

水平标准见表3-20-2。

表3-20-2

评价指标	评价等级			
	水平1	水平2	水平3	水平4
综合思维	能够在简单、熟悉的情境中辨析产业转移概念，并能说出影响产业转移的因素	对于给定的简单产业转移情境，能从多个要素相互影响、相互制约的角度分析产业转移的原因和对相关区域的影响	能结合给定的复杂的产业转移案例，综合各要素分析该产业在转出区区位要素的变化及原因，转入区承接产业转移的优势区位条件，以及产业转移对相关区域发展的影响	能够结合现实中的产业转移情境，在认识相关区域产业区位优势的基础上，从促进区域科学发展的角度，对产业转移的原因、路径、方式及影响等进行系统的综合分析、评价
区域认知	能够根据材料，认识特定区域中简单的熟悉的产业转移现象	能够收集整理区域的重要信息，从区域的视角分析产业转移的原因	能够根据给定的产业转移案例，说明该产业在不同地区发展的区位优势与劣势	能够结合现实中的产业转移情境，比较全面地分析该产业在不同地区的区位要素差异
地理实践力	能够获取和处理信息，探究某产业转移或某地区发生产业转移的原因及影响	能够调查和处理信息并与他人合作，掌握分析与解决产业转移问题的基本方法	能够搜集某类产业转移的案例，了解产业转移的原因、过程以及对相关区域发展的影响，思考发展中国家或地区承接产业转移需要注意的问题	能够搜集某类产业或产品转移的案例，分析产业转移的原因、过程以及对相关区域发展的影响，并提出对发展中国家或地区承接产业转移的有效建议

（续表）

评价指标	评价等级			
	水平1	水平2	水平3	水平4
人地协调观	能够结合简单、熟悉的产业转移现象，认识人类产业活动要在一定的环境中展开	能够认识产业发展也需要遵循社会经济发展规律，理解人地协调发展的重要性	结合给定的产业转移案例，能够说明转出区某产业区位优势的变化，分析产业转移过程与相关地区经济社会生态的协调发展措施	能够结合现实中的产业转移情境，归纳该类产业在不同发展阶段的区位变化及区域可能会遇到的人地关系问题，分析区域经济与环境生态的协调发展措施

2. 练习与测评

例1 阅读材料，回答下列问题。

材料：目前，中国制造业面临双重危机：一是部分低端制造业流向东南亚、南亚等地，原有的产业链条被打断；二是智能时代某些可用机器的高端制造业重新回流至美国、西欧地区。

1. 中国部分低端制造业流向东南亚、南亚等地的主要原因是这些地区（　　）。

A. 政策优惠幅度大　　　　B. 生产成本较低

C. 交通条件改善　　　　　D. 投资环境优化

2. 从短期来看，中国制造业面临的双重危机可能会产生的影响有（　　）。
①财政收入下降 ②劳动力素质下降 ③房产价格下降 ④城镇失业率上升

A.①③　　　B.②③　　　C.①④　　　D.②④

答案：1.B；2.C。

例2 阅读材料，回答下列问题。

材料：某企业1980年进入中国，在北京设立了第一个生产联络代表处；1996年，正式在中国成立了全资子公司，总部设于上海。此后，该企业陆陆续续在我国建立了接近200个代工工厂，中国成为该企业最大的代工厂。这些代工工厂主要分布在福建、青岛、广东、江苏、广西等地。近年来，该企业不断将产能撤离中国，并将主要产能转移至越南等国。

1. 分析20世纪90年代某企业在中国设立公司总部，并将代工工厂主要设立在福建、广东等东南沿海地区的原因。

2.分析某企业将产能从我国东南沿海地区转移至越南的原因。

答案：1.我国人口数量庞大，市场广阔；沿海地区有丰富廉价的劳动力；沿海地区海运便利，利于产品的运输；沿海地区基础设施较完善，生产协作条件较好；改革开放早期，东南沿海地区有优惠的政策条件。

2.我国劳动力成本不断上升，地价上涨，企业生产成本上升；我国东南沿海地区进行产业转型升级，迫使劳动力密集型产业外迁；越南劳动力丰富廉价，地价低，且紧邻我国，交通便利。

例3 阅读材料，回答下列问题。

材料：大豆原产中国，各地均有栽培，是中国主要粮食和油料作物，但是近年来多种原因导致中国大豆在国际市场上竞争力不足，进口量逐年增大。M国销往中国的大豆占其出口量的60%以上，是中国大豆主要来源之一。2018年，中国对M国大豆加征25%的关税，大豆进口转向巴西等国。

1.指出中国大豆生产的有利条件。

2.推测中国对M国大豆加征关税对中国、M国和巴西三国大豆生产的影响。

答案：1.适宜种植的范围广；种植历史悠久，经验丰富；国内市场广阔；等等。

2.中国：大豆价格上升，播种面积增加；M国：大豆出口量减少，收益下降，播种面积缩小；巴西：大豆出口增长，收益增加，播种面积增加。

案例二十一　全球变暖与极端天气

浙江省临海市灵江中学　陈馨妮

【课标溯源】

1.（选必1）结合示意图，说明气压带、风带的分布，并分析气压带、风带对气候形成的作用，以及气候对自然地理景观形成的影响。

2.（选必1）结合图表，分析海—气相互作用对全球水热平衡的影响，解释厄尔尼诺、拉尼娜现象对全球气候和人类活动的影响。

3.（必修1）结合资料，说明常见自然灾害的成因及其对人类活动的影响，了解避灾、防灾措施。

【教学内容】

1.结合图表、案例，分析气压带、风带对极端天气形成的影响。

2.结合案例，分析旱涝灾害的形成原因及其对人类活动的影响，了解避灾、防灾措施。

3.结合图表、案例，分析海—气相互作用对全球水热平衡的影响。

【学习目标】

1.结合图表、案例，分析极端天气形成的原因，分析气压带、风带对极端天气形成的影响，培养区域认知和综合思维能力。

2.运用资料，分析旱涝灾害的形成原因及其对人类活动的影响，了解避灾、防灾措施，提高地理问题的解决能力。

3.结合图表、案例，分析全球变暖和北冰洋变化之间的关系，分析海—气相互作用对全球水热平衡的影响，培养综合思维。

4.结合实例，提出应对极端天气的措施，提升地理实践力，进一步形成人地协调观。

【教学重点】

1. 全球性大气环流所形成的气压带、风带。

2. 培养学生防灾减灾意识，使其掌握应对极端天气的措施。

【教学难点】

极端天气形成的原因，以及气压带、风带对极端天气的影响。

【教学设计构想】

教学设计构想见图3-21-1。

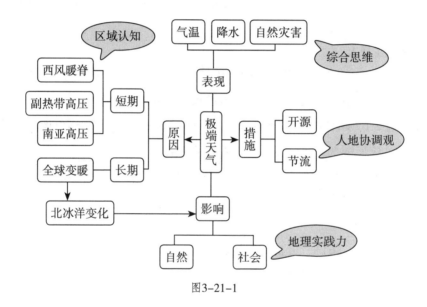

图3-21-1

【教学任务】

教学任务见表3-21-1。

表3-21-1

任务	活动内容	设计意图	素养水平要求
任务1：了解2022年夏季的极端天气——极端高温和降水异常	阅读思考：通过阅读鄱阳湖干旱等材料了解极端天气；通过阅读能源大省四川停电材料，思考极端天气的影响以及应对措施	从生活角度出发，引发学生思考；从区域视角，培养学生的读图能力及描述和表达地理信息的能力	区域认知水平3 人地协调观水平3

（续表）

任务	活动内容	设计意图	素养水平要求
任务2：极端天气引发的自然灾害	问题探究：我国多发旱涝、强对流等气象灾害的原因；分析自然灾害之间的关联性，以及探讨如何防灾减灾等问题	结合实例分析不同区域的自然灾害及其成因，培养学生区域认知和综合思维能力，树立防灾减灾意识	区域认知水平2 综合思维水平2 人地协调观水平2
任务3：2022年极端天气频发的原因	结合材料，进行综合探索：极端天气的成因是什么？从西风带（暖脊）和高压系统（副高、南亚高压）角度分析其对天气的影响	将天气系统的各项知识重整组合并应用于分析解释生活中的地理问题	综合思维水平3 地理实践力水平4
任务4：近年来极端天气越来越频发的原因	思考问题：从海—气相互作用角度，分析全球变暖之后产生的影响；结合材料预测中国三大自然区降水的变化趋势并阐明理由	通过解读和获取图文资料信息，培养学生从综合角度对地理事物进行分析和解释的能力	区域认知水平3 综合思维水平4
任务5：分析全球变暖对北冰洋产生的影响	小组探究：分析北冰洋夏季海冰和海水距平温度的变化特点并说明原因，分析全球变暖对北极的影响	通过对问题的分析，培养学生的合作探究精神和思辨能力，树立地理环境整体性的意识	人地协调观水平4 综合思维水平4 区域认知水平3
任务6：如何应对极端天气	角色扮演，探讨问题：请分别从政府、企业和个人层面，谈谈如何应对全球变暖和极端天气频发等问题	通过结合环境特征分析，提出解决问题的措施和途径，并进行可行性评价，以强化人地协调观	人地协调观水平4

【教学活动示例及说明】

任务1：了解2022年夏季的极端天气——极端高温和降水异常。

材料1：鄱阳湖干旱。

当北方多地遭遇了罕见洪涝灾害之时，长江流域却直面1961年以来最严重的旱情。据江西省水文部门介绍，2022年8月22日16时，鄱阳湖星子站水位9.52米，较多年同期偏低7.06米，五河主要控制站较多年同期偏低2.14～7.05米。全省土壤墒情监测站共79站出现轻度干旱以上情况，其中特大干旱站点6站，严重干旱站点14站，中度干旱站点31站，轻度干旱站点26站。严重及以上干旱主要出现在鹰潭、上饶、景德镇、萍乡、吉安等市局部山坡丘陵等地。

此外，7月15日—8月22日16时30分统计，干旱灾害已造成江西省103个县（市、区，含功能区）278.4万人受灾，因旱需生活救助4.7万人，其中因旱饮水困难需救助2.7万人，农作物受灾面积3306平方千米，绝收269平方千米，直接经济损失24.1亿元。

材料2：1961年以来最强极端高温。

2022年8月，根据中国国家气候中心近日监测评估，综合考虑高温热浪事件的平均强度、影响范围和持续时间，从今年6月13日开始至今的区域性高温事件综合强度已达到1961年有完整气象观测记录以来最强。图3-21-2为2022年全国高温天数排行榜。

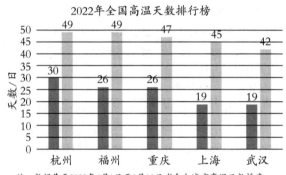

图3-21-2

南方地区高温具有持续时间长、影响范围广、极端性显著等特点。持续高温给部分地区农业生产带来不利影响，新疆、内蒙古、四川、重庆、云南等多地旱情露头发展。总体上，7月份干旱灾害造成552.7万人受灾，农作物受灾面积4575平方千米，直接经济损失27.3亿元。中下旬后，南方大部出现持续性降雨过程，旱情得到一定程度缓解。

材料3：能源大省四川停电。

四川省多个城市又出现了拉闸限电的情况，成都关停了很多工厂，要求商场、写字楼等商业电用户停开空调，以保障居民用电。就连成都地铁也关闭了一部分照明灯，让大家在昏暗的环境中坐车。

今年这样的极端高温天气让四川的年平均降水量比起往年打了对折，就连江河来水量也比往常少了将近一半。正因为四川一直以来主要依靠水来发电，今年四川全省从同期的9亿千瓦时锐减到4.5亿千瓦时，降了一半。根据往年的数据来看，2020年，四川发电4182亿千瓦时，自身用电却只有2865亿千瓦时。由此推算，就算今年极端高温导致发电量下降了五成，四川也是能够满足省内用电的。但四川却没有顾及本省，考虑到自己肩上"西电东送"的重任，选择了国家大局。

活动：①分析极端天气对人类生产生活的影响。②简述我国旱涝灾害空间分布特点并分析原因。③四川应采取哪些措施来应对本地的"缺电"问题？

任务2： 极端天气引发的自然灾害。

材料1：我国洪涝灾害引发地质灾害。

2022年7月，洪涝灾害造成辽宁、四川、甘肃等28省（区、市）680.9万人次受灾，因灾死亡失踪56人，倒塌房屋3000余间，直接经济损失184.8亿元。此外，7月全国共发生地质灾害329起，主要集中在甘肃、福建、广西和湖南等地。西宁市大通县青林乡、青山乡瞬间强降雨，引发山洪，造成泥石流，致使河流改道漫溢，2个乡镇6个村1517户6245人受灾。

近十年来，我国雨带开始出现明显的北抬北扩，东北、华北、西北等北方地区降水量总体增多，局地暴发洪涝、山体滑坡、泥石流等次生灾害，农作物遭受了较为直接、强烈的影响，为当地生产生活带来了极大损失。

材料2：我国风雹灾害点多面广，大风和雷击事件影响较为突出。

2022年7月，全国共出现10次强对流天气过程，数量较常年同期偏多，24个省（区、市）393个县遭受风雹灾害。灾害损失主要集中在农林牧渔业，江苏、云南、山西、甘肃等省局地受灾相对较重。大风所致构筑物倒塌和雷击亡人事件较为突出。总体上，7月份风雹灾害造成271.4万人次受灾，因灾死亡24人，倒塌房屋400余间，农作物受灾面积3507平方千米，直接经济损失42.6亿元。

材料3：世界的自然灾害。

2022年夏，北半球多地都迎来大"烤"。据媒体报道，法国、日本、韩国等拉响了热浪警报，英国气象局近期发布了有史以来第一个异常高温红色预警；美国多地高温破纪录，加利福尼亚州山火越发频繁，一些地区极端高温甚至熔化了高压电缆；高温叠加干旱已引发从葡萄牙到巴尔干半岛的山林火灾，导致数百人死亡；在加拿大温哥华等地，高温让一些车窗热到爆裂。6月以来，全球陆地地区出现了自19世纪50年代末人类有系统气象记录以来最热的温度，破纪录的高温、干旱、野火、暴雨和洪水席卷了北半球。

根据联合国防灾减灾署2020年发布的一份报告，相对于上一个20年，21世纪的前20年各种灾害频率大幅度增加，全球报告气候相关灾害6681起，环比上一个20年增长82.7%。其中，洪水灾害从上一个20年的1389起增至3254起，风暴灾害从1457起增至2034起。此外，干旱、山火、极端气温等灾害以及地震、海啸等地质相关灾害发生次数也显著增加。

活动：①分析我国多发旱涝、强对流等气象灾害的原因。②请尝试绘制极端天气导致自然灾害的思维导图。③请谈谈如何防灾减灾。

任务3：2022年极端天气频发的原因。

材料1：异常强大的西风带暖脊。

在北太平洋和北大西洋沿岸，急速的增温扩大了北极圈附近的温度差，5月起西风急流扭曲分叉，出现了强劲的双急流。在平时，宽厚的西风急流平稳地横穿温带，将酷热和寒冷隔离开；而分叉后的西风急流上凸下翘，形成一个个暖脊，给亚热带的酷热气流沿经线带路，将它们引入温带、寒温带甚至北极地区。

于是到了6月，一道强大的暖脊在亚欧大陆形成（位于蒙古国），于6月中旬抵达我国。西风带暖脊，它烘烤出了6月中下旬的第一波极端干热，河南省超过43度，河北省超过44度，郑州、石家庄、西安等市连续超过40度，河北灵寿等地高温打破历史纪录。

材料2：副热带高压。

在热带太平洋，拉尼娜出现了史无前例的夏季异常发展，大洋尼诺指数连续三个月打破同期纪录。在青藏高原，积雪融化进一步加速，7月初的全球冰雪监测显示，高原积雪已所剩无几。这些变化让费雷尔环流、沃克环流、哈德莱环流全部异常，让下沉气流集中力量，顽固笼罩在西北太平洋、我国南方和青藏高原，阻止一切季风进入，使得水汽上升凝结和台风发展。7月上旬台风暹芭走后，副高火速出击，和伊朗高压联手打通北半球，依次制造了西部热浪、长三角热浪和下旬东南沿海热浪，上海、温州、福州分别打破历史纪录，广州也创造了无台风下沉情况下的高温纪录。

材料3：南亚高压。

当8月南亚高压达到极盛状态后，副热带高压得到了极大的支持。两大高压联手牢牢控制我国，长江流域第一次面对两个大火炉的长期正面烘烤，强度最大也最持久的高温来临。正是8月两大火炉联手制造的极端高温，让2022年的高温在强度、广度和持久度上，都远远超出以往年份，成为完整气象观测史上的第一。

活动：①请结合材料，阐述西风带及其变化（出现暖脊）对天气产生的影响。②请说明高压系统对天气的影响，并阐述副热带高压异常与我国极端天气之间的关联。

任务4： 近年来极端天气越来越频发的原因。

材料1：全球极端气候概率上升。

根据联合国政府间气候变化专门委员会（IPCC）第六次评估报告，近50年来，全球变暖正以过去2000年以来前所未有的速度发生。"气候变化不仅带来了全球平均温度的升高，还导致了极端天气气候事件呈现出频发、广发、强发和并发的趋势。"以极端高温事件为例，目前极端高温发生的频率是工业化之前的4.8倍；同时，气候变暖将导致大气中水分含量增加，更多的水汽也提高了极端强降水事件出现的概率。

材料2：全球气候变化对降水的影响。

气候变化正在加剧全球降水分布不平衡。全球变暖后，大气持水能力增加，全球水循环将持续增强。在全球尺度上，这表现为总降水量增加和降水极端性增强，某些地区极端降水事件可能会提前发生。水循环的另一个重要特性是其波动性，但以往人们却对此鲜有关注。最新研究发现，全球每增温1℃，全球平均降水变率，也就是降水事件可能的波动或振荡范围将增加约5%，这一速率约为平均降水变化的2倍，由此造成的气候风险明显增加。

从全球尺度上来看，降水变化的总体空间格局呈现出"干者越干、湿者越湿"的变化趋势。从时间上看，在天气尺度到月、季节内和年际等各个时间尺度上，降水变率均将随全球增温而增加。从空间上看，全球湿润区（主要包括热带海洋、大部分季风区、中高纬地区）降水变率将会增加，约有2/3的陆地将面临"更湿润且波动更大"的水文状况。

活动：①从海—气相互作用角度，分析全球变暖之后产生的影响。②结合材料，尝试预测中国三大自然区降水的变化趋势并阐明理由。

任务5： 全球变暖对北极地区的影响。

材料1：北极地区增温。

2022年7月，北极圈的温度一度飙升至32.5℃。覆盖世界第一大岛格陵兰岛的冰盖也在加速融化。研究证实，全球变暖不仅是大气增暖，更是海洋增暖；全球变暖不是均匀的，会存在北极放大效应——北极圈附近的异常增温就从这里来。图3-21-3为北冰洋夏季海水范围折线图。

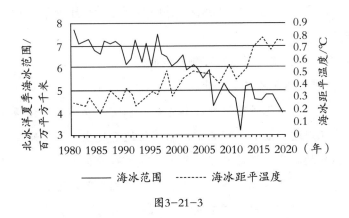

图3-21-3

材料2：全球变暖对北极地区的影响。

北极地区的升温，还会破坏北极涡旋和极锋急流的稳定性，使冷空气更容易趁势南下，而暖空气更容易北抬。生活在北半球的人们也将会在全球变暖的背景下，经历更极端的寒潮和酷暑。

此外，全球冻土中还蕴藏着超过1.6万亿吨的碳，超过大气中碳含量的2倍。其中绝大部分都分布在北极周围，被科学家称为"冻土碳弹"。若这些碳均以甲烷的形式进入大气则可能会引起气温的显著上升，给人类社会带来灾难性的后果。

活动：①描述北冰洋夏季海冰和海水距平温度的变化特点并说明原因。②分析全球变暖对北极的影响。

任务6：应对极端气候的措施。

世界气象组织指出，应对气候灾害的重要措施之一是建立多灾种的早期预警系统、加强气象预报。研究显示，世界上有1/3的人口，尤其是最不发达国家和小岛屿发展中国家，仍然无法获得早期预警系统提供的预警信息。为此，联合国和世界气象组织于2022年3月共同宣布，将在未来5年内，推动实现早期预警服务的全民覆盖，以应对日益极端的天气和气候变化。

国际自然保护联盟表示，开展基于自然的解决方案，通过种植树木、培育草原等方式，以及修复和改良生态系统，可以增强抵御自然灾害的能力。

世界银行行长建议，除了制定高层、宏观的战略规划之外，私营企业和投资者也可以参与支持，如投资建设抗飓风房屋、高效灌溉系统、韧性微电网以及在灾害发生时减少供应链和物流中断，并进行更多的技术创新。

联合国粮食及农业组织建议各国采取多灾种、跨部门的系统性风险管理方法，应对灾害风险。卫星技术和信息技术在灾害监测领域获得广泛应用，包括遥感、无人机和搜救机器人等新型工具及技术可在防灾减灾救灾工作中发挥更大作用。

活动：请分别从政府、企业和个人层面，谈谈如何应对全球变暖和极端天气频发等问题。

【评价设计】

1. 水平标准

水平标准见表3-21-2。

表3-21-2

评价指标	评价等级			
	水平1	水平2	水平3	水平4
综合思维	能够辨析并说明各气候带与气压带、风带的关系	能够阐述分析天气和气候特点及其地理背景，以及气压带、风带对人类活动的影响	能够结合不同区域的发展特点，说明气候变化对人类的影响，并提出具体解决措施	结合真实复杂的情境，能够从大气环流的角度，多要素综合分析某一气候类型的形成与分布
区域认知	能够根据材料，认识和归纳区域特征，能够理解不同区域气候差异	能够收集整理区域重要的信息，从区域的视角分析气候变化对人类生产生活的影响	能够结合给定的区域案例，从空间—区域尺度分析区域特征，对某区域极端天气成因进行评析	结合特定区域环境，能够分析气候的形成与分布，评析极端天气的影响，并提出科学决策及其依据
地理实践力	能够获取和处理信息，探究极端天气的成因及解决途径	能够获取和处理信息并与他人交流合作，掌握分析与应对气象灾害的基本方法	能够获取和处理复杂信息，通过对给定区域气象灾害的分析，针对极端天气的影响提出合理措施	能够运用大气环流图，分析相关气候数据信息，对极端天气进行解释与评价，在活动中表现出较强的行动能力

（续表）

评价 指标	评价等级			
	水平1	水平2	水平3	水平4
人地 协调 观	能够理解人类活动与极端天气的关系，说明人类活动对气候的影响	能够阐述人类活动对区域地理环境积极和消极的影响，理解人地协调发展的重要性	能够分析给定区域极端天气形成与人类活动之间的关系，认识地理环境与人类活动相互影响的关系	结合现实中的气候问题，能够分析极端天气与人类活动的关系，具备尊重自然规律、科学利用自然的意识

2. 练习与测评

例题 阅读图文资料，回答下列各题。

材料：自2021年入夏至6月末，落基山脉以东的美国西南部（研究区）出现极端高温天气，在导致降水异常的同时，还造成当地异常干旱，水资源紧张。研究发现，该区域此次极端高温的出现与高压系统"大气阻塞"并在当地上空形成"Ω形穹顶"（图3-21-4）相关，且6月该区域有较长时间受强大高压脊控制。

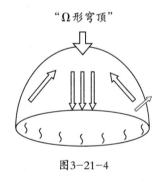

"Ω形穹顶"

图3-21-4

1. 指出该研究区正常年份降水量骤增的月份，并分析原因。

2. 根据材料，分析自2021年入夏至6月末该研究区极端高温的形成过程。

3. 推测持续极端高温天气对大气环境产生的不利影响。

答案：1. 7月。原因：由于落基山脉阻挡，来自太平洋的湿润气流难以抵达，该区域的降水大部分来自墨西哥湾的湿润气团；该区域与墨西哥湾的海陆热力性质差异显著，水平气压梯度力较大，墨西哥湾的湿润气团北移至该区域，并带来大量降水。

2. 在高压系统控制下，天气晴朗（降水较少），地面吸收更多的太阳辐射，进而导致升温；空气下沉、压缩且升温，形成"Ω形穹顶"，使地面吸收的热量无法释放（散失）；在"Ω形穹顶"内温度升高的热空气再上升，被阻挡，再被压缩升温……此过程循环往复，使地表热量不断积累，当地温度持续升高（出现极端高温）；"Ω形穹顶"阻隔了内部高温气体与外界冷空气的交换，极端高温难以得到缓解。

3. 干扰正常的三圈环流，引起全球极端天气频发；导致过度使用空调、冰箱，可能会破坏臭氧层（患皮肤癌等疾病的概率增加）；（制冷系统，野火）提高大气层温度（加剧温室效应），导致控制极地冷空气的急流减弱（极地环流减弱，南北气流交换更活跃），"Ω形穹顶"出现概率增加；植被覆盖率大幅度降低，沙尘暴频发，大气质量低；背风坡（增温减湿）山火频发，释放大量有害气体至大气层（通过大气环流扩散至全球）；等等。

案例二十二　中国崛起的人口思考

浙江省温岭市第二中学　吴正海

【课标溯源】

1.（必修2）运用资料，描述人口分布、迁移的特点及其影响因素，并结合实例，解释区域资源环境承载力、人口合理容量。

2.（必修2）运用资料，说明不同地区城镇化的过程和特点，以及城镇化的利弊。

3.（选必3）以某地区为例，分析地区产业结构变化过程及原因。

【教学内容】

1.通过阅读图文、数据等资料，了解我国人口的特点及原因。

2.在与世界各国对比中认识我国人口优势和问题。

3.通过综合分析，理解人口问题对于社会经济发展和国家崛起的意义。

【学习目标】

1.能够通过多种途径和手段收集有关我国人口资源的地理信息，学会合作进行实地考察和地理调查，培养科学探究的意识和能力。

2.能够运用示意图，说明我国人口的现状，掌握阅读分析地理图表和地理数据的技能。

3.通过小组合作探究人口与社会经济发展的关系，思考促进民族崛起的措施。

4.通过比较世界各国人口结构和社会经济发展，增强忧患意识、爱国情感和公民责任。

【教学重点】

中国人口结构的特点。

【教学难点】

中国人口结构对中国社会经济的影响及措施。

【教学设计构想】

教学设计构想见图3-22-1。

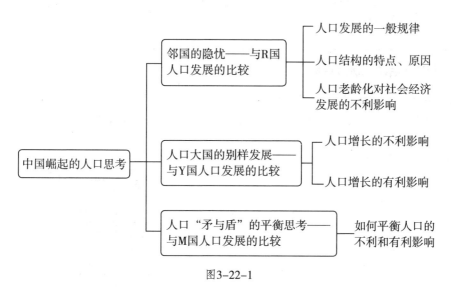

图3-22-1

【教学任务】

教学任务见表3-22-1。

表3-22-1

任务	活动内容	设计意图	素养水平要求
任务1：邻国的隐忧	问题思考：从社会经济角度分析中国生育率的变化情况及原因；对比分析2008年R国人口结构与2040年中国人口结构的共同特点，并从产业发展角度，分析该人口结构对中国的不利影响	指导学生通过读图析图认识人口发展的一般规律，培养学生综合思维能力	区域认知水平2综合思维水平3人地协调观水平3
任务2：人口大国的别样发展	问题探究：结合材料，对比中国，指出Y国人口结构的特点；从区域资源环境承载力的角度，分析其对Y国可持续发展带来的不利影响；从人口的角度，评价其对2040年中国城市化发展带来的可能影响	通过分析Y国人口结构，评析其对资源、环境及城市化的有利和不利影响，提升学生分析人地关系的综合思维能力	综合思维水平3人地协调观水平3地理实践力水平3

（续表）

任务	活动内容	设计意图	素养水平要求
任务3：人口"矛与盾"的平衡思考	合作探究：分析2040年中国与M国人口结构的差异及其原因，M国经济保持持续活力对中国复兴的启示	通过中国与M国对比分析，归纳分析人口结构的特征，探究其对区域发展的影响，提升学生区域认知和综合思辨能力	区域认知水平2综合思维水平4人地协调观水平3

【教学活动示例及说明】

任务1：邻国的隐忧——中国与R国人口发展的比较。

材料1：图3-22-2为部分国家和地区生育率与人均GDP的关系图，图3-22-3为中国生育率变动情况（1950—2007年）。

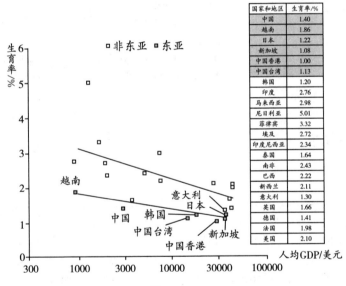

图3-22-2

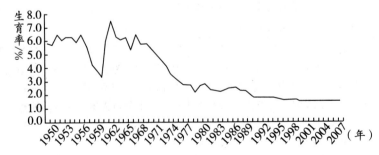

图3-22-3

材料2：图3-22-4为2008年R国人口结构图，图3-22-5为2040年中国人口结构预测图。

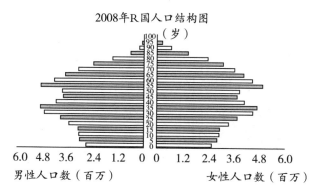

图3-22-4

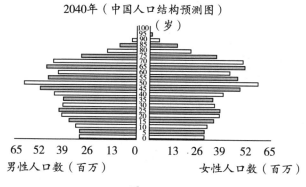

图3-22-5

材料3：R国在20世纪50—80年代是世界上最具活力的经济体，连续30年GDP的平均增长率超过8%。R国一大批汽车、电子、设备工业方面的企业迅速发展起来，超越M国企业成为世界技术创新的先锋。

但是到了20世纪90年代，情况发生了逆转，随着人口结构的老化，R国企业的创造能力似乎突然停滞。R国在半导体、软件、通信、生物科技、新能源等领域先后被M国和新兴国家所超越，低迷的经济一直持续至今。90年代至今被认为是R国失去的30年。

活动：①指出中国生育率的变化情况，并从社会经济角度分析其原因。②比较材料1中的两图，指出2008年R国人口结构与2040年中国人口结构的共同特点。③从产业发展角度，分析该人口结构对中国的不利影响。

任务2：人口大国的别样发展——中国与Y国人口发展的比较。

材料1：图3-22-6为2040年Y国人口结构预测图。

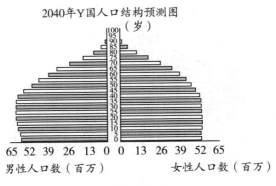

2040年Y国人口结构预测图

图3-22-6

材料2：表3-22-2为中国发展成本与世界平均成本的对比。

表3-22-2

分类的发展成本	比例
牧业发展成本（中国平均：世界平均）	1.03 : 1.00
农业发展成本（中国平均：世界平均）	1.05 : 1.00
林业发展成本（中国平均：世界平均）	1.08 : 1.00
矿业发展成本（中国平均：世界平均）	1.30 : 1.00
基础设施成本（中国平均：世界平均）	1.28 : 1.00
工业发展成本（中国平均：世界平均）	1.25 : 1.00
水利工程发展成本（中国平均：世界平均）	1.21 : 1.00
自然保护成本（中国平均：世界平均）	1.27 : 1.00
土壤侵蚀速率（中国平均：世界平均）	1.40 : 1.00
自然灾害频率（中国平均：世界平均）	1.28 : 1.00
生态恢复成本（中国平均：世界平均）	1.36 : 1.00
区域开发成本（中国平均：世界平均）	1.27 : 1.00

材料3：到2040年，Y国将成为世界上发展最快和最具活力的经济体。图
3-22-7为1993—2000年中国城市化水平与城镇数量变化情况。

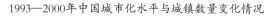

1993—2000年中国城市化水平与城镇数量变化情况

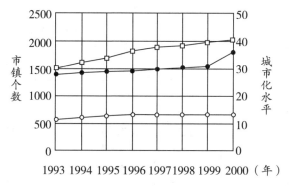

—○— 建制市（个）　　—□— 建制镇（×10个）　　—●— 城市化水平（%）

图3-22-7

活动：①对比中国，指出Y国人口结构的特点。②结合材料2，从区域资源环境承载力的角度，分析其对Y国可持续发展带来的不利影响。③从人口的角度，评价其对2040年中国城市化发展带来的可能影响。

任务3：人口"矛与盾"的平衡思考——中国与M国人口发展的比较。

材料1：2040年M国人口结构预测图（图3-22-8）。

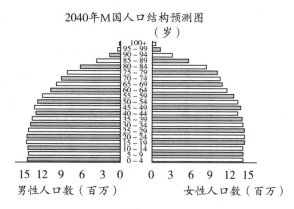

图3-22-8

材料2：M国大学尤其是研究生院每年都会吸引大量年轻的高素质人才，在M国毕业的博士生中有很高比例是外国出生的，这些人中很多也是其他国家优秀的人才。有些领域如计算机和工程类的博士，竟有将近一半来自国外。在硅谷，有将近一半的企业是由非M国出生的人参与创办的。

材料3：1978—2000年中国各省区人口的增长（表3-22-3）。

表3-22-3

地区	增长人数（万）		迁移占纯增（%）	地区	增长人数（万）		迁移占纯增（%）
	自然增长	迁移增长			自然增长	迁移增长	
上海	177	399	225.4	西藏	86	−3	−3.5
北京	180	354	196.7	陕西	868	−43	−5
天津	167	110	65.9	青海	161	−8	−5
广东	2400	1437	59.9	吉林	628	−49	−7.8
新疆	534	158	29.6	甘肃	760	−68	−8.9
辽宁	714	130	18.2	河南	2460	−271	−11
浙江	799	127	15.9	湖北	1647	−193	−11.7
福建	905	113	12.5	贵州	969	−129	−13.3
江苏	1432	172	12	黑龙江	687	−127	−18.5
宁夏	191	15	7.9	广西	1375	−288	−20.9
山东	1862	57	3.1	安徽	1653	−379	−22.9
山西	865	9	1	湖南	1682	−408	−24.3
云南	1185	12	1	江西	1294	−337	−26
内蒙古	554	−1	−0.2	四川	2458	−747	−30.4
河北	1725	−37	−2.1				

活动：①比较2040年中国人口结构预测图与2040年M国人口结构的差异，并分析其原因。②M国经济保持持续活力，从人口结构的角度说说其对中国复兴的启示。

【评价设计】

1. 水平标准

水平标准见图3-22-4。

图3-22-4

评价指标	评价等级			
	水平1	水平2	水平3	水平4
综合思维	从常见的人口坐标图中，读出人口结构的特点	根据图文信息，能够分析不同人口结构的成因	能够对区域进行比较分析，从微角度分析R国、Y国、M国人口结构，以及其对社会经济的影响	能够结合现实，从时空综合、地方综合维度分析人口发展问题，并对其进行系统性的解释
区域认知	能够结合材料，认识和归纳区域人口特征，明确影响区域人口发展的主要因素	能够在给定区域资料信息基础上，从区域视角认识不同地区人口发展的一般规律和影响因素	能够结合区域案例，从不同空间尺度评价区域人口发展的条件	能够对不同地区的人口发展进行评析，并结合区域特征提出切实可行的人口可持续发展策略
地理实践力	能够通过简单的调查获取我国的人口结构情况	能够进行深入的调查，与同学合作探究和探讨影响社会经济发展的不利人口因素	能够分类调查世界各国人口特征变化，与他人合作探究各国人口特征及其对发展的影响	能够进行较为系统的调查，探索区域人口可持续发展对策，并提出合理的措施和建议
人地协调观	能够理解人口与区域环境的关系，说明人口对资源环境的影响	能够分析阐述人口发展对区域产业、城市化等社会经济的影响，理解区域可持续发展的重要性	能够分析给定区域的人口、资源、社会经济及环境之间的关系，认识人地协调发展的重要意义	能够分析和理解不同区域人口、资源、社会经济及环境的内在关系，评价分析区域人口发展存在的问题

2. 习题与评测

例1 阅读图文材料，回答下列问题。

改革开放后，由于外来人口大量涌入，北京、上海、广州3个城市的人口规模持续快速扩大。图3-22-9是2010年3个城市外来人口分省统计情况。

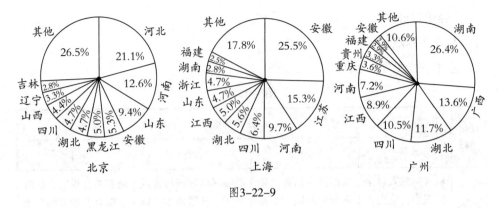

图3-22-9

1. 归纳北京、上海、广州3个城市外来人口来源的共性特点。

2. 分析河南、四川、湖北3省在北京、上海、广州外来人口中均占较大比例的原因。

3. 诸如北京、上海、广州这样的超大城市是否应限制外来人口？请表明你的态度，并说明理由。

答案：1. 临近省份，人口大省，中东部省份比例高。

2. 3省与3城市的距离差别不大；3省兼具南北文化属性，适应性强；3省皆为人口大省，剩余劳动力多。

3. 限制：外来人口增加了城市负担（基础设施、社会服务设施、就业等），加重了大城市病（住房紧张、交通拥挤、环境污染等）。

不限制：外来人口（生产者与消费者的角色）促进了城市经济发展，促进了不同地域和城乡间的文化交流。

例2 阅读图文材料，回答下面问题。

材料：古往今来，社会关怀是一个重大议题。2018年德国65岁及以上人口占总人口数量的20.6%。

活动：列举人口老龄化对该国可能会带来的影响。

答案：劳动力数量减少，养老压力加大等。

案例二十三 多变的天气

——锋面系统

浙江省临海市回浦中学 金巧莉

【课标溯源】

1.（选必1）运用示意图分析锋面系统，并运用简易天气图解释常见天气现象的成因。

2.（必修1）运用资料，说明常见自然灾害的成因，了解避灾、防灾的措施。

【教学内容】

1. 以寻"秋意"为导入，学习锋面系统，对比总结锋与天气的关系。

2. 结合华西秋雨、贵州冻雨、梅雨等现象，归纳总结简单分析锋面系统的方法，解释特殊天气现象的成因。

3. 归纳锋面系统对人们生产和生活的影响，感悟理论联系实际的重要性，增强防灾、减灾的意识。

【学习目标】

1. 运用简易天气图，了解气团和锋面的概念与类型，掌握锋面特征与锋面移动对天气的影响。

2. 联系生活实际，学会分析现实生活中与锋面有关的特殊天气现象。

3. 通过读图、比较、推理、讨论等活动，掌握天气对生产生活的影响，学会预防自然灾害，将所学知识用于实际，服务于社会。

【教学重点】

锋面系统的形成及其移动过程中对天气的影响。

【教学难点】

运用所学，分析生活中的天气现象。

【教学设计构想】

教学设计构想见图3-23-1。

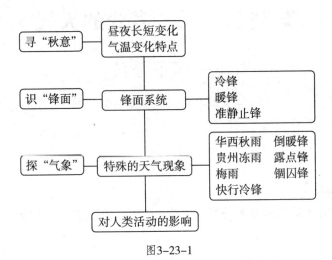

图3-23-1

【教学任务】

教学任务见表3-23-1。

表3-23-1

任务	活动内容	设计意图	素养水平要求
任务1：寻"秋意"	说出我国秋季昼夜长短的时空变化特点；简析"秋分"至"冬至"期间华北地区的气温变化特点；设计一条"追秋"线路，并说明理由	知晓学生对相关地理事物的认知基础，为深入探究地理问题做好准备	区域认知水平2 地理实践力水平2
任务2：识"锋面"	从天气系统的角度分析"一场秋雨一场寒"的原因；判断冷锋与暖锋，并填写过境前后天气变化	通过对比冷暖锋锋面系统的特点，帮助学生构建锋与天气的知识结构	综合思维水平3
任务3：探"气象"	华西秋雨：从大气环流和地形两个角度，分析华西秋雨的形成原因；分析持续时间长、势力较强的华西秋雨易引发泥石流、滑坡的原因；评价华西秋	结合材料和案例，分析给定区域的特殊天气现象与人类活动的关系，从区域的视角培养学生读图分析、要素综合、系统分析的综合思维能力	区域认知水平2 综合思维水平3 人地协调观水平3

（续表）

任务	活动内容	设计意图	素养水平要求
任务3：探"气象"	雨对当地秋熟作物和冬小麦生产的影响		
	贵州冻雨：标记昆明和贵阳所在位置及锋面、冷暖气团、雨区，说明冻雨形成过程，分析冻雨对航空运输造成的不利影响	通过对区域特征的认知和特殊天气现象的分析，培养学生综合思维能力，树立正确的人地协调观	综合思维水平2 人地协调观水平2
	梅雨：从副热带高压的角度，简述梅雨持续时间长的原因；分析冷空气在梅雨形成过程中起到的作用；解释梅雨期间我国华南沿海地区降水少的原因；说明江淮地区洪涝灾害严重的原因；从预警和监测角度，说明防范梅雨的措施	通过对区域问题及因素的分析，能够全面评析特殊天气现象给不同区域带来的灾害，并提出切实可行的应对措施，培养学生分析问题、总结归纳、合作学习的能力	区域认知水平4 综合思维水平4 人地协调观水平4
	倒暖锋：说出倒暖锋对东北地区气温、降水的影响，并分析原因	通过解读和获取图文资料信息，培养学生合作探究的精神和思辨能力	综合思维水平3
	露点锋：绘出锋线附近主要降雨区，并在锋线附近标注冷锋符号；分析图中干线附近产生降水的原因；说明该区域属于北半球的两个依据	学生通过主动参与绘图，加深对知识的理解，培养自主学习意识和探究精神	综合思维水平3 区域认知水平2
	锢囚锋：写出锢囚锋垂直剖面图上A、B、C对应的气团名称；与单一的冷锋或暖锋过境相比，指出锢囚锋过境时的降水特点，并说明原因；解释我国华北地区的春季多锢囚锋的原因	通过获取和解读图文资料信息，培养学生运用综合维度对地理事象进行分析与解释的能力	综合思维水平3 区域认知水平2
	快行冷锋：分析"锋前增温"现象的成因；比较南岭对我国冬、夏季气温分界影响力的差异，并说明原因	从区域的视角培养学生分析天气现象问题并能解释其形成过程的综合思维能力	综合思维水平3 区域认知水平2

【教学活动示例及说明】

任务1：寻"秋意"。

材料：2022年8月7日20点28分57秒，迎来农历壬寅年"立秋"，二十四节气之第13个节气。"立"是开始之意，"秋"由"禾"与"火"字组成，是禾谷成熟的意思。立秋之时，梧桐树的叶子开始落下，因此有"山僧不解数甲子，一叶落知天下秋。"立秋意味着夏已尽，暑至末，秋季就要拉开帷幕，万物开始从繁茂成长趋向成熟。

活动：①说出我国秋季昼夜长短的时空变化特点。②简析"秋分"至"冬至"期间华北地区的气温特点。③"寻访秋天"活动计划：请设计一条"追秋"线路，试说明理由。

答案：①秋分前，昼长夜短，纬度越高昼越长，夜越短；秋分时，各地昼夜等长；秋分后，昼短夜长，纬度越高昼越短，夜越长。整个秋季昼渐短，夜渐长，纬度越高，昼夜变化幅度越大。②冬季风增强，冷空气频繁南下，带来多次降温，导致气温逐渐降低，最低气温降至0℃以下，气温日较差大。③略。

任务2：识"锋面"。

材料：俗话说"一场秋雨一场寒"，每年秋冬季节，冷空气开始活跃，给我国多地带来强烈的降温天气。图3-23-2为天气系统示意图。

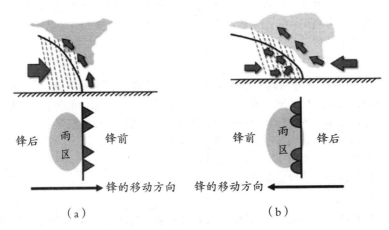

图3-23-2

活动：①试从天气系统的角度分析"一场秋雨一场寒"的原因。②结合材料判断冷锋与暖锋，并填写过境前后天气变化（表3-23-2）。

表3-23-2

图3-23-1（a）为____	过境前	过境时	过境后
强势气团			
气温状况			
气压状况			
天气状况			
图3-23-1（b）为____	过境前	过境时	过境后
强势气团			
气温状况			
气压状况			
天气状况			

答案：①"秋雨"的本质是冷锋过境；冷锋过境前，受单一暖气团控制，气压低，气温高；冷锋过境时，多大风、雨雪、降温天气；冷锋过境后，受单一冷气团控制，气压高，气温低。②略。

任务3：探"气象"。

材料1：华西秋雨是指我国西部地区秋季多雨的特殊天气现象，主要影响四川、重庆、贵州、宁夏南部、甘肃东部和南部、陕西南部及湖南西部、湖北西部等地。它每年出现的时间不尽相同，最早从8月下旬开始，最晚在11月下旬结束；持续时间长、势力较强的华西秋雨往往会给西南地区带来泥石流、滑坡等地质灾害。

活动：①从大气环流和地形两个角度，分析华西秋雨的形成原因。②分析持续时间长、势力较强的华西秋雨易引发泥石流、滑坡的原因。③评价华西秋雨对当地秋熟作物和冬小麦生产的影响。

答案：①来自印度洋、太平洋的暖湿气流和来自高纬度的冷气流在此相遇，形成锋面雨。华西地区多山地，有利于暖湿气流的抬升，易形成地形雨。②西南地区多山地，地势起伏大，雨水汇集速度快，冲刷力强；有些陡坡地带植被覆盖率较低，松散堆积物丰厚，岩层结构松散；持续时间长、势力较强的华西秋雨顺地势快速汇集为洪流，不断冲刷堆积物和结构松散的岩层，形成泥石流和滑坡。③不利：秋季正值水稻、棉花等农作物的成熟和收获期，持续阴雨和光照不足影响农作物的成熟和后期收获。有利：华西地区水资源增加明显，为冬小麦播种提供了充足的水源；秋雨多，有利于水库、池塘及水田蓄水预防旱灾。

材料2：冻雨俗称"滴水成冰"，是初冬或冬末春初时常见的一种灾害性天气。有研究表明，出现冻雨天气的大气垂直结构可分为三层：冰晶层、暖层和冷层，如图3-23-3所示。每年冬半年，受昆明准静止锋及特殊的地理位置等因素影响，贵州是我国冻雨出现次数多、持续时间长、影响范围广的省份，冻雨给当地交通、农林和电力通信部门等造成严重影响。

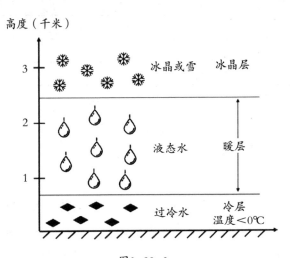

图3-23-3

活动：①根据材料并结合所学知识，请在图3-23-4中适当位置标记出昆明和贵阳所在位置及准静止锋、冷暖气团、雨区。

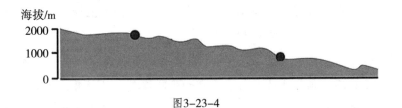

图3-23-4

②根据图文材料说明冻雨形成过程。③分析冻雨对航空运输造成的不利影响。

答案：①见图3-23-5。

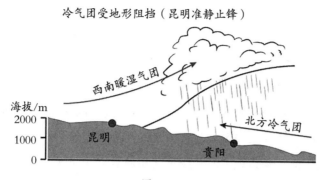

冷气团受地形阻挡（昆明准静止锋）

图3-23-5

②大气中的水汽在冰晶层形成雪或冰晶；雪或冰晶降落入暖层融合为液体水；下降到冷层的液体水，未来得及凝固遇到较冷（低于0℃）的地表后发生冻结，形成冻雨。③飞机在有过冷水滴的云层中飞行时，过冷水滴附着在机身上使机身结冰，影响飞机飞行安全；机场跑道结冰，影响飞机起降安全。

材料3：梅雨，是指每年6、7月份东南季风带来太平洋暖湿气流，经过长江中下游、台湾等地区时出现的持续阴雨的天气现象。它的形成与副热带高压及位置密切相关。某年的梅雨从6月1日持续到8月初，因时间长、范围广、降雨量大、多暴雨，我国多地遭受严重洪涝灾害，有数百条河流发生超警以上洪水，江淮地区洪涝尤为严重。图3-23-6为某年梅雨期西北太平洋副热带高压脊线位置的逐日演变示意图。

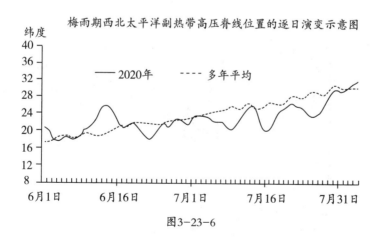

图3-23-6

活动：①从副热带高压的角度，简述某年梅雨持续时间长的原因。②分析冷空气在该年梅雨形成过程中起到的作用。③某年梅雨持续期间我国华南沿海地区降水少，试对此做出合理的解释。④结合某年梅雨的特征，说明江淮地区洪涝灾害严重的原因。⑤从预警和监测角度，说明当地政府在此次梅雨期间需特别关注的防范措施。

答案：①某年6月上旬副热带高压较往年位置偏北（提前到达华南地区），长江中下游地区梅雨开始时间提前；7月份副热带高压位置整体偏南（副热带高压维持在华南地区）且滞留时间长，梅雨结束时间推迟。②由于"入梅"偏早，冷气团气温低、势力强，与强暖湿气团在长江中下游（江淮）地区相遇形成准静止锋，迫使暖湿气团爬升快，降温快，降水强度较大，降水历时长，降水量大。③受副热带高压控制，盛行下沉气流，多晴朗天气；其间沿海地区台风登陆少，降水较少。④入梅早、出梅晚，梅雨持续时间长；梅雨期雨量大；极端降水事件频发。⑤做好河流水情和汛情监测，提前预备充足防汛物资；加强水库的水文监测，调控水量水位；加强堤坝巡查，及时向公众发布水情信息；密切监测强对流、强降雨等特殊天气，防范城市内涝、山洪泥石流等次生灾害。

材料4：倒暖锋是我国东北地区特有的天气过程，其具备暖锋特征，但与常见的暖锋又有明显不同的特点。东北地区在倒暖锋天气形成的前两天都有一次寒潮袭击，随后又受到来自东北方海域的极大影响。图3-23-7为东北地区某次倒暖锋过境时近地面气压形势图。

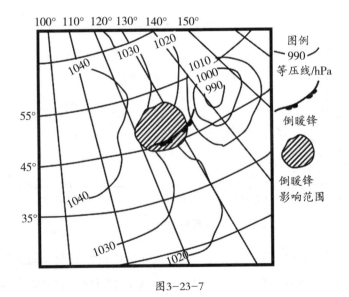

图3-23-7

活动：①概括受倒暖锋影响期间东北地区气温的分布特点，并分析原因。②说明倒暖锋对东北地区降水形成过程的影响。

答案：①特点：北部气温高于南部。原因：在倒暖锋形成之前，东北地区经历寒潮过境，陆地气温迅速降低；附近海域气温高，形成强暖中心，暖湿空气随着东北方向气流进入东北地区，造成东北地区北部迅速增温；东北地区南部受寒潮影响，气温较低，出现了北部气温比南部高的反常现象。②来自海洋上空的暖湿气流，由东北向西南输送与冷空气相遇，产生自北向南的降水。

材料5：一般情况下，温度相同时湿空气要比干空气密度小。两个温度相近的干、湿气团相遇所形成的锋，称为干线。图3-23-8为某地区某时刻主要气象要素分布形势示意图，来自不同区域且性质不同的气团，在这里交绥形成三个锋：冷锋、暖锋和干线。

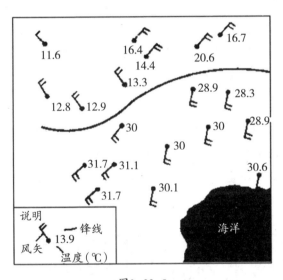

图3-23-8

活动：①用斜线在锋线附近绘出主要降雨区，并在锋线附近标注冷锋符号。②分析图中干线附近产生降水的原因。③说明该区域属于北半球的两个依据。

答案：①准确判断冷锋、暖锋位置，并用斜线在冷锋后、暖锋前绘制狭长雨区。冷锋后雨区更为狭长，见图3-23-9。

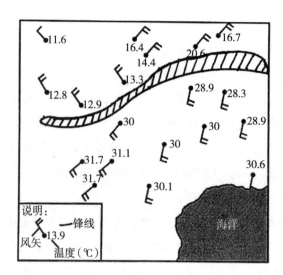

图3-23-9

②干线东、西两侧温度相近的干、湿气团相遇，东侧的湿气团密度小，位于干气团之上，湿气团被迫抬升；抬升过程中，随高度增加，气温降低，形成降水。③根据气温分布规律，图中北部地区气温普遍低于南部，说明北部纬度高，是北半球；根据风矢图，该区域水平气流呈逆时针方向辐合，说明地转偏向力向右偏，为北半球气旋。

材料6：锢囚锋是由冷锋追上暖锋或由两支冷锋迎面相遇将锋前的暖气团抬离地面，禁锢在高空形成的一种特殊锋面。冬半年，来自我国西北、东北的冷锋相遇，使得锋前的暖空气被抬升到高空，形成华北锢囚锋。图3-23-10示意锋面气旋中锢囚锋的形成过程。

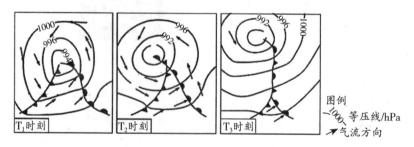

图3-23-10

活动：①请在锢囚锋的垂直剖面图（图3-23-11）上写出A，B，C对应的气团名称。

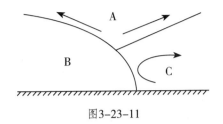

图3-23-11

②与单一的冷锋或暖锋过境相比，指出图中锢囚锋过境时的降水特点，并说明原因。③我国华北地区的春季多锢囚锋，解释其原因。

答案：①A暖气团，B更冷气团，C冷气团。②降水特点：降水量大、降水区域广。原因：锢囚锋，使得暖气团上升更高，上升区域范围更大，导致云层更厚且云层控制范围更广。③华北位于中纬度地区，春季冷暖气团交替活动频繁，易形成锋面气旋；当冷锋追上前面的暖锋时，锢囚锋便形成了。

材料7：每年秋季，冷空气开始活跃，给我国东部地区带来强降温。不过，我国南方地区有一个十分奇怪的现象，那就是在强冷空气到来的前一天，气温异常偏高，这种现象称为"锋前增温"。如果冷空气南下的速度越快，气团压缩增温作用则越明显。图3-23-12为南岭对气温分界影响力的季节变化示意图（数值越大，影响力越明显）。

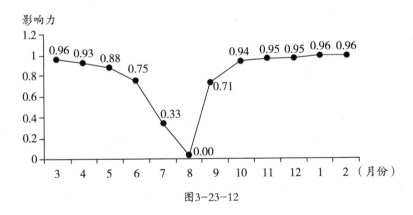

图3-23-12

活动：①结合所学锋面知识，分析"锋前增温"现象的成因。②比较南岭对我国冬、夏季气温分界影响力的差异，并说明原因。

答案：①冷锋还未到来，当地受暖气团控制，气温相对偏高；冷锋快速南下时，将锋前暖气团挤压，从而使暖气团压缩增温；同时近地面多盛行偏南风，有利于气温回升变暖。②冬季比夏季影响力大（夏季比冬季影响力小），冬季冷空气比较活跃，南岭对冷空气（冬季风）的阻挡作用明显，因此山脉南北气温差异较为显著；夏季全国普遍高温，南岭的阻隔作用不明显。

【评价设计】

1. 水平标准

水平标准见表3-23-3。

表3-23-3

评价指标	评价等级			
	水平1	水平2	水平3	水平4
综合思维	在简单、熟悉的情境和图示中能够了解锋面系统相关的概念及关系	能够运用相关图示或结合生活，辨别锋面系统及其天气现象	能够结合不同区域的环境特点，分析典型天气现象的形成与演变过程	能够独立运用天气图和大气环流图，分析与处理相关数据和信息，评估特殊天气对人类活动的影响
区域认知	能够根据材料认识和归纳区域特征，理解锋面系统对不同区域造成影响	能够收集整理区域的重要信息，从区域的视角分析天气现象问题并能解释其形成过程	能够结合区域案例，从空间—区域尺度分析区域特征，评析特殊天气现象对不同区域造成的影响	能够全面评析特殊天气现象给不同区域带来的灾害，并提出切实可行的应对措施
地理实践力	能够运用相关图示，获取和处理信息，辨别常见的锋面系统	通过与他人合作，感知生活情境，准确完整地辨别锋面系统，并能够描述常见的天气现象	能够应用地理信息技术以及示意图，通过对给定区域特征的分析，对特殊的天气现象进行科学解释与评价	能够主动发现和探索问题，分析特殊天气现象给不同区域带来的灾害，并提出具有针对性、创造性的解决途径
人地协调观	能够理解人类活动和天气现象的关系，认识天气现象对人类活动的影响	能够阐述天气现象对区域地理环境的积极影响和消极影响，理解人地协调发展的重要性	通过分析给定区域的特殊天气现象与人类活动的关系，说明地理环境与人类活动相互影响的关系	能够分析和理解不同区域特殊天气现象与生产活动、环境等的关系，科学评价人类活动与自然环境之间的关系

2. 练习与测评

例1 阅读材料，回答下列各题。

材料：当较强的冷空气南下遇到暖湿气流时，冷空气像楔子一样插在暖空气的下方，近地层气温骤降到0℃以下，湿润的暖空气被抬升，并成云致雨的现象称为冻雨。图3-23-13为我国某地大范围冻雨形成机理示意图。

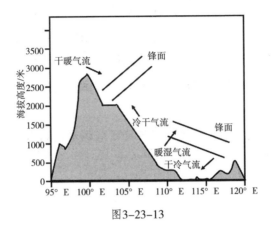

图3-23-13

1. 与图示区域冻雨形成有关的天气系统是（　　　）。

    A. 暖锋　　　　　B. 冷锋　　　　　C. 准静止锋　　　　　D. 气旋

2. 下列城市最易发生冻雨灾害的是（　　　）。

    A. 昆明　　　　　B. 贵阳　　　　　C. 海口　　　　　D. 银川

答案：1.C；2.B。

例2 （2020年浙江卷改编）　阅读材料，回答下列问题。

材料：长江与鄱阳湖之间存在径流相互补给的季节变化。图3-23-14为长江与鄱阳湖相互补给频率的年内分布图（一般频率越高表示径流量补给越大）。

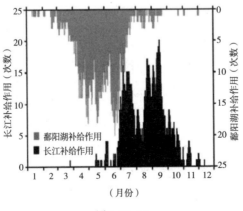

图3-23-14

1. 鄱阳湖补给长江频率较高的时期，副热带高压脊位置＿＿＿＿＿＿＿（偏南或偏北），分析形成这种径流补给的原因。

2. 华北春旱严重的年份，往往副热带高压脊停留在＿＿＿＿＿＿＿（偏南或偏北）位置的时间较长。长江中下游地区出现伏旱时，长江补给鄱阳湖频率较＿＿＿＿＿＿＿（高或低），试从减灾角度提出农业抗旱措施。

答案：1. 偏南。鄱阳湖流域以雨水补给为主；鄱阳湖流域降水量较大，时间较长。

2. 偏南。高。使用节水技术，实行跨区域调水，利用水利设施进行灌溉，种植耐旱作物，等等。

案例二十四　城市变"型"记

——产业转型地区的结构优化

北京师范大学台州附属高级中学　陈赛

【课标溯源】

（选必2）以某地区为例，分析地区产业结构变化过程及原因。

【教学内容】

1. 结合典型案例，认识区域地理条件，分析区域发展与产业发展现状与结构问题。

2. 结合材料，从产业发展角度探究区域可持续发展等地理问题。

【学习目标】

1. 结合材料，分析不同时期某地区产业发展的条件。

2. 结合材料，认识单一经济结构的弊端。

3. 结合材料，认识区域产业类型的发展变化，理解产业结构转型的原因。

4. 结合材料，确定某区域产业结构优化调整的方向。

【教学重点】

分析某地区产业结构的变化，理解产业结构转型的原因。

【教学难点】

归纳产业结构演进的一般规律。

【教学设计构想】

教学设计构想见图3-24-1。

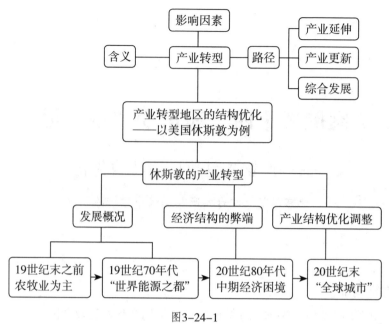

图3-24-1

【教学情境】

2019年3月，国家发改委发布的《2019年新型城镇化建设重点任务》中，第一次提到了"收缩型城市"（收缩型城市特征：人口减少、第三产业占比低、工资低、老龄化水平高）。七普数据显示，全国330多个地级行政区（包括地级市、地区、自治州和盟，以下简称"市"）十年来，共有149市人口出现减少，占比达44.7%。未来，城市如何发展？产业结构的调整是城市转型发展的强心针。合理的产业结构就如同城市的心脏，可以为城市的发展提供不竭的动力。一个城市的产业结构该如何优化调整呢？

【教学任务】

教学任务见表3-24-1。

表3-24-1

任务	活动内容	设计意图	素养水平要求
任务1：初探城市	课前学生通过观看《休斯敦城市宣传片》，查阅休斯敦发展概况的材料，从产业角度提炼休斯敦的城市名片，了解休斯敦的主导产业变化	通过阅读天时地利的棉花中心、迅速崛起的能源之都、革故鼎新的全球城市三段情境材料，找出休斯敦结构的变化过程	区域认知水平2

（续表）

任务	活动内容	设计意图	素养水平要求
任务2：微观城市—因油而兴、因油而衰	分组探究：休斯敦从棉花中心到能源之都，从能源之都到全球城市两次产业转型阶段因地制宜发展产业的原因，客观评价不同产业结构的优势与不足	结合材料，引导学生从宏观转变为微观层面分析休斯敦产业发展的原因，评价该时段产业结构的优势与不足，培养其综合、动态地分析地理事象的能力	综合思维水平2 人地协调观2
任务3：擘画城市—因油而变	问题思考：描述休斯敦地区1981—2017年产业就业人员流动现象，归纳休斯敦产业结构优化的过程及产业转型的路径	结合材料，引导学生从空间、时间和发展角度思考区域产业结构高质量发展的路径，发展区域优势，在优势产业基础上向地区专门化方向发展	区域认知水平2 综合思维水平3 地理实践力水平3
任务4：见"圳"友好	拓展研究：结合材料，简析深圳建城以来的产业结构变化，并探讨粤港澳大湾区发展背景下深圳的产业发展方向	结合时事热点，让学生认识国家发展战略，明确区域高质量发展必须坚持创新、协调、绿色、开放、共享发展相统一，培养学生人地协调观与可持续发展观	区域认知3 综合思维水平4 人地协调观水平3

【教学活动示例及说明】

任务1：初探城市。

材料1：《休斯敦城市宣传片》。

材料2：休斯敦位于墨西哥湾平原，得克萨斯州东南部，距墨西哥湾80千米。休斯敦经过100多年的持续发展，目前是世界上发展较好的资源型城市之一，突破了世界多数资源型城市持续发展面临的瓶颈，成功实现了经济转型，现为美国第四大城市。

活动：①查询资料并结合视频，为休斯敦城市设计城市名片。（设计宣传语）②按时间线，简述休斯敦城市的产业发展过程。

答案：①棉花中心、世界能源之都、全球城市、太空城等。②发展之初—19世纪末：农牧业、木材和棉花集散地；20世纪初—20世纪70年代：世界能源之都（石油、石化工业全盛期）；20世纪80年代后：产业结构多元化。

任务2：微观城市——因油而兴、因油而衰。

材料1：这里原是一片荒野、人烟稀少的冲积平原。发展之初，休斯敦地区的经济支柱是农牧业，直到19世纪末，这里一直是木材与棉花集散地。20世纪初，随着油气资源的开发和通海运河的建成，石化工业及相关产业蓬勃发展。1940年前后，墨西哥湾一带的炼油能力占到全美的1/3左右。20世纪70年代，休斯敦获得"世界能源之都"称号。

材料2：20世纪80年代前后，休斯敦石化产业繁荣达到顶峰。20世纪80年代中期，由于国际油价暴跌和石化行业萧条，休斯敦严重依赖石油工业的弊病充分暴露出来，大批工厂倒闭，大量工人失业，科技人才外流。

活动：①比一比：休斯敦成为木材与棉花集散地与"世界能源之都"的区位条件，填在表3-24-2中。

表3-24-2

阶段	区位条件
木材与棉花集散地	
"世界能源之都"	

②谈一谈：休斯敦发展石油工业的有利与不利影响。

答案：①由上而下：位于墨西哥湾平原，地势平坦开阔；亚热带季风性湿润气候，水热条件好；农牧产品丰富；交通便利。油气资源丰富、海运便利、国际市场广阔、工业基础完善、政策支持。②有利影响：促进相关产业发展，增加就业机会，改善基础设施，增加财政收入，促进城镇化，等等。不利影响：环境污染、生态破坏、油气资源减少等。

任务3：擘画城市——因油而变。

材料1：面对严峻的经济形势，休斯敦立足于发达的石油工业，优化调整产业结构。图3-24-2为1981—2010年休斯敦产业就业结构的变化图，图3-24-3为2007—2017年各产业就业人员的增长率。

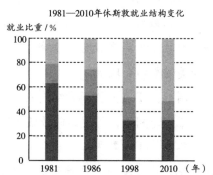

1981—2010年休斯敦就业结构变化

▲油气上游产业包括油气勘探与开发、石油设备生产和油气管道运输，油气下游产业包括石油精炼和石化产品制造业

图3-24-2

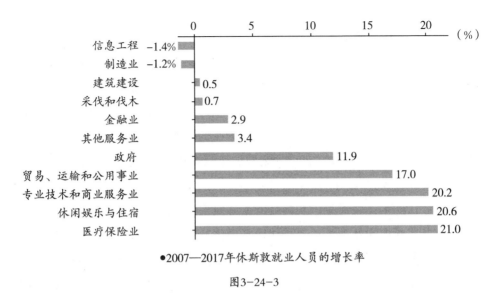

● 2007—2017年休斯敦就业人员的增长率

图3-24-3

材料2：高科技在石油行业的运用使得石油业降低了生产成本，提高了勘探的准确率，从而增强了抗风险的能力。20世纪80年代，休斯敦石化产业开始向海外转移生产，拉丁美洲、中东、墨西哥深水区等地区，先后成为休斯敦出口石油技术的主要对象。凭借着当地企业和政府的大量资金、税收和技术支持，全美医疗中心、宇航中心、新能源利用产业等迅速成长起来。图3-24-4为现代休斯敦产业结构示意图。

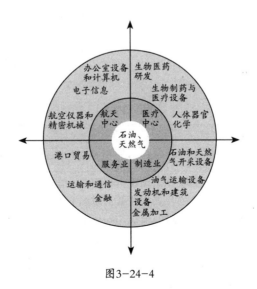

图3-24-4

活动：①描述休斯敦地区1981—2017年产业就业人员流动现象。②结合书本与材料，简述休斯敦地区产业转型的具体途径。

答案：①从传统的油气产业流向医疗保健业、交通运输、商业服务业等第三产业。②一是充分利用优越的资源和区位条件，重点发展城市特色经济；二是根据市场需求调整产业结构，积极发展替代产业；三是利用政府支持，大力发展高科技产业；四是大力发展高层次服务业，如港口贸易、金融服务、运输业等；五是促进传统产业如石油产业发展，纵向延伸和横向扩散。

任务4：见"圳"友好。

材料：1986年，深圳与休斯敦结为友好城市。改革开放前，深圳是以农村为主的渔村，改革开放以后，深圳从以第一产业为主转向以第二产业为主。现在，深圳的产业结构由以劳动密集型加工制造业为主，升级为以高新技术产业和金融服务业为主。深圳有大量的科技龙头企业、风险基本资金、开明的监管制度、合作文化等，产业链非常完备。2019年，深圳更是成为粤港澳大湾区建设中的四个中心城市之一。

活动：小组合作展示：休斯敦产业转型给深圳的发展带来哪些启发？查阅资料，简述深圳在粤港澳大湾区背景下的未来产业发展方向。试分析为什么这样定位。

答案：打造全球科技产业创新中心，重点发展先进装备制造业、航空航天产业、国际航空枢纽、海洋科技和服务产业、医疗和康复医学产业等。

【评价设计】

1. 水平标准

水平标准见表3-24-3。

表3-24-3

评价指标	评价等级		
	水平1	水平2	水平3、4
区域认知	能够在他人帮助下在地图上找到休斯敦，明确该区域的地形、气候类型与特征及水系分布	能够在美国本土地图上准确找到休斯敦，明确该区域的地形、气候类型与特征及水系分布	能够在美国本土地图上准确找到休斯敦，明确该区域的地形、气候类型与特征及水系分布、深水运河、港口等地理事物

（续表）

评价指标	评价等级		
	水平1	水平2	水平3、4
综合思维	能够说出产业结构的特点，大致说出产业结构优化或产业升级的特点	说出产业结构的特点，大致说出产业结构优化或产业升级的特点，区别不同地区产业转型的具体途径	能够理解产业结构优化或产业升级的特点，区别产业转型与结构优化的差异；能结合实例多角度分析其对产业转型路径的影响，明确不同地区产业优化的具体措施
地理实践力	能够通过书本、图册等找到有关于美国休斯敦的材料，与他人合作完成绘制美国休斯敦的产业结构优化路径	能够通过网络、图册等找到有关于美国休斯敦的材料，完成绘制美国休斯敦的产业结构优化路径，参与小组合作并表达观点	能够独立搜集相关材料，并选择有用的地理信息，独立完成绘制美国休斯敦的产业结构优化路径，参与小组合作并正确评价他人的观点
人地协调观	能简单说出区域产业发展与当地环境中部分要素之间的关系及产业转型路径的一般方向	能够分析不同时段产业发展与当地环境多种要素之间的关系，判断某地区产业转型路径发展的方向	能够准确说出不同时段产业发展与当地环境的关系，明确不同地区产业优化的具体措施和因地制宜可持续发展的措施

2. 练习与测评

例1 阅读材料，回答下列问题。

材料：匹兹堡附近地区的烟煤、石灰石和铁矿石蕴藏量丰富。第二次世界大战后，美国"钢都"匹兹堡失去了昔日的辉煌，逐渐陷入困境。为了改变衰退的局面，匹兹堡于20世纪90年代开始实施"复兴计划"，成功转型，现在被誉为"知识城"。根据材料，回答下列问题。

1.第二次世界大战后，匹兹堡首先陷入困境的产业部门有（　　）。

　A.炼铝、玻璃、精密仪表　　　B.煤炭、钢铁、重型机械

　C.机器人制造、医疗、金融　　D.生物制药、计算机、教育

2.下列有关匹兹堡"复兴计划"的说法，正确的是（　　）。

①建设各类研究机构　②异地建新城　③加强工人转岗培训　④颁布治理污染法规

　A.①②③　　　B.②③④　　　C.①②④　　　D.①③④

　答案：1.B；2.D。

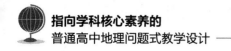

例2 阅读材料，回答下列问题。

材料：汉堡港位于德国北部易北河河口，是德国最大的港口。20世纪70年代以来汉堡经济陷入危机，临港产业大量外流。为此，汉堡市制定了"因港而兴"的转型计划，至2011年汉堡的临港工业已从战后以造船、航运等劳动密集型产业为主转变成以高科技、信息产业为主，港口服务业则是从码头服务、仓储服务等转变为航运融资、海事保险等现代服务业。在中国"一带一路"倡议下，汉堡与中国之间除了原有的海上贸易通道，还多了铁路贸易通道，汉堡市与中国运输联系愈发密切。根据材料，回答下列问题。

1. 分析汉堡港在产业转型过程中具备的有利条件。

2. 说出汉堡港成功转型的经验对我国港口发展的启示。

答案：1. 港口工业基础好，科技水平高，利于向高科技产业转型；地理位置优越，港口腹地广阔，发展港口现代服务业潜力大；港口历史悠久，基础设施完善，利于招商引资；政府政策主导，支持产业转型。

2. 产业升级，保留优势产业；培育新兴产业，积极发展现代服务业；完善基础设施；加强区域联系，扩展经济腹地。